Tarô de Crowley
Palavras-Chave

Hajo Banzhaf & Brigitte Theler

Tarô de Crowley
Palavras-Chave

Tradução:
Thaís Balázs

Publicado originalmente em alemão sob o título *Schlüsselworte zum Crowley-Tarot*, por Arkanas-Golmann.
© 1993, Hajo Banzhaf e Brigitte Theler.
Direitos de edição e tradução para todos os países de língua portuguesa.
Tradução autorizada do alemão.
Ilustrações de Aleister Crowley Thoth Tarot® reproduzido por uma permissão da AGM AGMüller, CH-8212 Neuhausen, Switzerland. © 1986 AGM AGMüller/ OTO. São proibidas demais reproduções.
© 2019, Madras Editora Ltda.

Editor:
Wagner Veneziani Costa

Produção e Capa:
Equipe Técnica Madras

Tradução:
Thaís Balázs

Revisão:
Silvia Massimini
Maria Cristina Scomparini
Augusto do Nascimento
Tânia Hernandes

Dados Internacionais de Catalogação na Publicação (CIP)
(Câmara Brasileira do Livro, SP, Brasil)
Banzhaf, Hajo

Tarô de Crowley : palavras-chave / Hajo Banzhaf &
Brigitte Theler ; tradução Thaís Balázs. -- 2. ed. --
São Paulo : Madras, 2019.
Título original: Schlüsselworte zum Crowley-Tarot.
Bibliografia.
ISBN: 978-85-370-1053-2
1. Adivinhações 2. Tarô I. Theler, Brigitte.
II. Título.
17-02113   CDD-133.32424
              Índices para catálogo sistemático:
                1. Tarô : Artes divinatórias : Ciências ocultas
                               133.32424

Proibida a reprodução total ou parcial desta obra, de qualquer forma ou por qualquer meio eletrônico, mecânico, inclusive por meio de processos xerográficos, incluindo ainda o uso da internet, sem a permissão expressa da Madras Editora, na pessoa de seu editor (Lei nº 9.610, de 19.2.98).

Todos os direitos desta edição, em língua portuguesa, reservados pela

MADRAS EDITORA LTDA.
Rua Paulo Gonçalves, 88 — Santana
CEP: 02403-020 — São Paulo — SP
Caixa Postal: 12299 — CEP: 02013-970 — SP
Tel.: (11) 6281-5555/6959-1127 — Fax: (11) 6959-3090
www.madras.com.br

Índice

Introdução à edição brasileira 9
O que é o Tarô?
   A origem do Tarô 20
Duas formas de utilização do Tarô 21
   O acaso e os oráculos baseados no acaso............................. 21

As diferentes versões do Tarô
   As cartas tradicionais 26
   O Tarô de Rider-Waite... 26
   O Tarô de Crowley... 27
   Outras variantes do Tarô 29
   Existem cartas de Tarô certas e erradas?................................ 30
   Perguntas frequentes e suas respostas 30

Da pergunta à interpretação
   Acesso rápido para impacientes.. 39
   Como a pergunta deve ser formulada?................................... 40
   Resumo dos sistemas de disposição conforme o tema
   e o grau de dificuldade 41
   Embaralhar, tirar e dispor as cartas 42

A interpretação
   Análise individual das cartas.. 44
   Síntese 44
   Cartas invertidas.. 44
   A quintessência.. 45
   Métodos de disposição 49

Consultas simples 49
Prós e Contras 49
A Carta do Dia 49
A Carta do Ano 49

Sistemas detalhados de disposição
O Ankh 52
O Círculo Astrológico 54
O Jogo do Relacionamento 57
O Ponto Cego 59
O Jogo da Decisão 61
O Segredo da Alta Sacerdotisa 63
A Cruz Celta 65
A Cruz 68
O Próximo Passo 70
O Jogo do Louco 72
O Jogo dos Parceiros 74
O Jogo do Plano 76
A Porta 78
O Caminho 80

Palavras-Chave para a interpretação
Introdução 83

As 22 cartas dos Arcanos Maiores
O Louco 88
O Mago 90
A Alta Sacerdotisa 92
A Imperatriz 94
O Imperador 96
O Hierofante 98
Os Amantes 100
A Carruagem 102
O Ajustamento 104
O Eremita 106
A Fortuna 108
A Volúpia 110

O Pendurado... 112
A Morte.. 114
A Arte.. 116
O Diabo... 118
A Torre.. 120
A Estrela.. 122
A Lua... 124
O Sol... 126
O Aeon.. 128
O Universo.. 130
As 56 cartas dos Arcanos Menores 133
Exemplos de interpretação 246
Glossário 252
Bibliografia utilizada e recomendada 254

Nota do Tradutor:

Os nomes das cartas utilizados nesta tradução correspondem à publicação original em português de 1998 do *Tarô de Thoth* de Aleister Crowley pela AGMüller, Neuhausen — Suíça, que detém os direitos de publicação destas cartas.

Introdução à Edição Brasileira
Aleister Crowley, Frieda Harris e a Morada de Thoth

> *Com o hábito é que vem o apreço;*
> *Assim recusa o mátrio leite*
> *A criancinha, no começo,*
> *Porém chupa-o em breve com deleite.*
> *Eis como ao seio da sapiência,*
> *Aguçará vossa apetência.*
> *(Voz de Mefistófeles, em* Fausto, *de Goethe)*

A presente publicação compreende um bem elaborado e amplo estudo, eminentemente prático, direto e eficaz, sobre aquele considerado por muitos o mais fantástico Tarô idealizado pela mentalidade humana: o Tarô de Crowley. O propósito deste belo livro é bem claro: ele visa a oferecer todos os elementos necessários para que seus leitores, sejam ou não tarólogos experientes, possam usar adequadamente este Tarô ora como ferramenta divinatória, ora como instrumento de autoanálise e autoconhecimento.

Todavia, antes de adentrar especificamente no escopo do livro aqui apresentado, serão necessárias algumas breves palavras a respeito do nome que batiza o Tarô em questão. Ao mesmo tempo, também será de grande valia considerar alguns aspectos da gênese deste baralho, pois, como será demonstrado, esse singular conjunto de cartas, provavelmente mais do que qualquer outro, possui densa história, peculiar em muitos pontos. Assim, uma vez conhecidos tanto o personagem que lhe deu identidade quanto as circunstâncias que trouxeram o Tarô de Crowley à luz, aqueles que tomarão contato com as mensagens contidas em seus Arcanos estarão mais aptos para entendê-las a partir de uma perspectiva ampla, podendo, portanto, apreciá-las de uma forma seguramente mais apropriada.

Ao longo das últimas décadas do século passado, em grande parte dos círculos ocultistas brasileiros, a simples menção do mote Aleister Crowley (1875-1947)[1] parecia ter a estranha propriedade de imediatamente cerrar todas as portas e janelas. Bastava um estudante citá-lo, mesmo despreocupadamente, e logo uma verdadeira transformação era observada nas quase sempre benevolentes fisionomias místicas, quando a comiseração e a cortesia dos iniciados imediatamente cediam lugar à sisudez e à dura repressão. Crowley, indiscutivelmente, era território proibido, um verdadeiro tema interditado. Tamanha era a hostilidade relacionada a sua pessoa que qualquer interessado em estudá-lo logo se via legado ao completo abandono, não sendo, inclusive, raros os exemplos de estudantes discriminados e marginalizados apenas por optar conhecer seus textos.

Com o passar do tempo, entretanto, percebeu-se claramente que as raízes do excessivo zelo, melhor dizendo, temor, em relação a Aleister Crowley, longe de estarem relacionadas a um preclaro conhecimento de causa, encontravam-se circunscritas à quase completa falta de informação acerca de sua obra. Justamente a desinformação sobre o assunto foi o que levou muitos a rotularem pejorativamente Crowley, classificando-o exageradamente como o pior dos homens, creditando-lhe, consequentemente, absurdos de toda sorte. Tamanhas eram as desencontradas referências sobre sua polêmica figura, que isso chegou a provocar cômicos embaraços em algumas escolas iniciáticas brasileiras. Dentre as situações, tornou-se célebre aquela ocorrida em uma respeitável e bem tradicional Ordem Rosacruciana. Por um lado, os *iniciados* dessa organização costumavam declamar para seus discípulos longas instruções e orientações do maravilhoso e inspirado (*sic*) Mestre Therion, recomendando-o profusamente como um modelo de perfeição iniciática a ser buscado por qualquer Caminheiro da senda mística. Por outro, os mesmos *iniciados* faziam graves reservas quanto à postura do *infame* Aleister Crowley, taxando-o de Mago Negro da pior espécie, tomando-o como exemplo a ser, a todo custo, evitado. As instruções e recomendações seguiram por algum tempo, até que acidentalmente um estudante percebeu – para estupor dos *iniciados* – que Mestre Therion[2] e Aleister Crowley simplesmente eram a mesma pessoa.

Ressalte-se, contudo, que esta curiosa história, longe de pretender diminuir qualquer organização, é citada apenas para ilustrar o quão con-

---

1. Seu nome de batismo era Edward Alexander Crowley.
2. Ou, mais apropriadamente dizendo, To Mega Therion, transliteração do grego TO MEGA QHRION (A Grande Besta), nome mágico de Crowley para o Grau de Magus da A.A., a Ordem da Estrela de Prata, versão thelêmica da Grande Fraternidade Branca.

fuso esteve o meio ocultista de nosso país, quando o tema em pauta era o vitoriano Aleister Crowley. De todo modo, e mesmo apesar de situações parecidas ainda ocorrerem, já é possível vislumbrar mudanças significativas no comportamento do ocultista brasileiro, que finalmente, uma vez lhe dada a devida oportunidade de conhecer, começa a perceber o quanto tem a oferecer certos domínios não ortodoxos, e aparentemente estranhos, da Filosofia Oculta.

Concomitantemente, seja enfaticamente dito que, ao classificar de exageradas certas acusações dirigidas a Crowley, não se pretende eximi-lo de falhas. Ele, por mais admirado ou temido que seja, antes de tudo era simplesmente um ser humano, demasiado humano, tão falível quanto qualquer outro. Tal afirmação, mesmo quando pesada a proposital obviedade, de fato deve ser lembrada, pois é cabalmente comum ser verificado o crasso erro de se associar à imagem do místico, do mago ou do ocultista famoso, uma idealizada espiritualidade acima de qualquer suspeita. Tamanha perfeição imaculada, os verdadeiros iniciados há muito já o sabem, nada mais é senão um produto da cartilha do autoengano, uma armadilha falaciosa na qual estão idealisticamente presos vários aspirantes à real iniciação. Em outras palavras, deve ser claramente frisado que o Mago Aleister Crowley, assim como ocorre com todo homem e toda mulher, esteve à mercê de paixões, ideologias, convicções e frustrações, as quais o levaram, conscientemente ou não, a tomar atitudes, por assim mencionar, nem sempre dignas de boa nota. Ninguém deve se omitir em relação a isso.

Todavia, se por um lado, o uniforme aspecto profano da falibilidade humana jamais deve ser esquecido, por outro, e em contraposição, deve ser mencionado a rara capacidade que alguns possuem de gerar obras com excepcional valor místico. Exatamente nesse contexto, desponta o iniciado Aleister Crowley. Definitivamente, o ponto de distinção entre Crowley e muitos outros ocultistas é, como um todo, o enorme valor iniciático de sua vasta obra, sobremodo quando avaliada em termos de conhecimento, erudição e inovação. Por sua vez, dentro do conjunto desta magnífica obra, ganha destacada proeminência aquela composta pelo texto denominado *The Book of Thoth*[3] e pelo jogo de cartas que o ilustra, o Tarô de Crowley, também chamado o Tarô de Thoth.

Contudo, quem foi Crowley e como nasceu o seu Tarô?

Aleister Crowley certamente é um dos exemplos mais desconcertantes de toda a história do Ocultismo. Figura tão controversa quanto enigmática, por vezes amada, buscada, outras vezes odiada, evitada, Crowley bem caberia como personagem principal de histórias do mais romântico estofo. Mago, poeta e erudito, visionário e bufão, alpinista excepcional e enxadrista notável, autodenominando-se Grande Besta do Apocalipse e Salvador da

---

3. Publicado em português pela Madras Editora, sob o título *O Livro de Thoth*.

Humanidade, foi o fundador da Religião Thelêmica,[4] e é hoje entusiasticamente aclamado por uma gama cada vez maior de admiradores como ninguém menos que o Profeta da Nova Era.

Sempre profundamente envolvido em questões religiosas e místicas,[5] já por volta de 1896 Crowley iniciava a leitura de livros sobre magia e misticismo. Especialmente, é o maravilhoso texto de *Nuvem sobre o Santuário*, do místico Karl von Eckhartshausen (1752-1803), material que lhe fora recomendado pelo famoso erudito Arthur Edward Waite (1857-1943), que fez com que Crowley decidisse empenhar sua vida ao estudo do Ocultismo e da Magia, sempre buscando a Grande Fraternidade Invisível.

Logo em seguida, por intermédio de dois jovens amigos, Crowley é apresentado a Samuel Liddell "MacGregor" Mathers (1854-1918), um dos líderes da Ordem Hermética da Aurora Dourada (*The Hermetic Order of the Golden Dawn*) a G.D., uma das mais influentes Ordens iniciáticas do fim do século XIX. A G.D., fundada em 1887 pelo próprio Mathers, junto dos maçons William Wynn Westcott (1848-1925) e William Robert Woodman (1828-1891), proporcionaria a Crowley sua primeira iniciação e o contato direto com os mistérios mágicos. Foi por intermédio das instruções da G.D. que Crowley tomou conhecimento, por exemplo, da seminal importância do Tarô tanto como instrumento de perpetuação da tradição ocultista,[6] quanto como ferramenta mágica e oracular.

Além de frequentar vários círculos de ocultistas europeus, Crowley também viajou pelas Américas do Norte e Central, África e Oriente Médio. Dotado de uma fantástica capacidade mimética, assimilava a cultura local, passando-se por nativo das inóspitas regiões visitadas. No Oriente Médio, encontrou-se e se instruiu com Mestres de Yoga e Tantra. Justamente em uma dessas viagens foi que Crowley recebeu o mistério que o acompanhou até seu último momento: A Lei de Thelema. Isso ocorreu em 1904, quando, com sua esposa Rose Kelly (1874-1932), viajou pelo Egito. Assim, conforme contam os thelemitas, quando de sua estada no Cairo, após uma série de rituais e invocações ao Deus Thoth, um ser, identificando-se como *Aiwass*, transmitiu a Crowley, nos dias 8, 9 e 10 de abril, o *Liber Al vel Legis*, o *Livro da Lei*. Nascia, assim, a religião thelêmica.

---

4. Genericamente citada como Lei de Thelema ou filosofia thelêmica.
5. Mesmo quando criança, Crowley estava envolvido pela temática religiosa. Na ocasião, seus pais, fanáticos membros de uma radical seita protestante da época vitoriana, obrigavam-no ao intenso e sistemático estudo da Bíblia cristã.
6. Conforme prediz o mito acerca da concepção do conjunto de lâminas, hoje denominado de Tarô, o propósito de sua elaboração era salvar da destruição o antigo conhecimento iniciático das idades. Tendo tal objetivo em mente, os Mestres da Tradição elaboraram o conjunto de cartas, a partir de imagens cuja função era perpetuar, de modo velado, o antigo conhecimento sagrado.

Por volta de 1910, já afastado da G∴D∴, Crowley foi admitido em uma obscura organização pseudomaçônica chamada Ordem dos Templários Orientais (também conhecida pelo acróstico O.T.O., ou pela denominação latina *Ordo Templi Orientis*). Essa organização, fundada em 1906 pelo ocultista alemão Theodor Reuss (1855-1923),[7] prometia nada menos do que possuir a verdadeira chave de toda a magia, de todos os segredos herméticos e maçônicos, de todas as religiões e sistemas iniciáticos da humanidade. A chave de todos os mistérios, como entendida pelo corpo de iniciados da O.T.O, está presente em uma certa instrução de magia sexual, pertencente aos graus superiores dessa Ordem.

O envolvimento de Crowley com a *Ordo Templi Orientis* foi intenso em todos os sentidos, abarcando todos os aspectos de sua vida, sejam eles profanos ou iniciáticos, públicos ou privados. Logo após ser admitido, foi nomeado rei sumo e santíssimo da O.T.O. para a Inglaterra. Como líder regional da Ordem, reformulou por completo seus rituais e instruções, elaborou uma soberba Missa Gnóstica, montou a Abadia de Thelema, onde pregava o amor livre e a lei do *Faze o que queres*, escreveu compulsivamente e financiou a publicação dos próprios livros, arrebanhou discípulos e se disse expulso tanto da Itália fascista quanto da França. Levando uma desregrada vida de boêmio, assíduo frequentador ora dos cafés parisienses, ora dos bares londrinos, excêntrico, jactancioso e falastrão, inspirou diversos autores, os quais tomaram livremente sua alucinada personalidade como molde à construção de vários vilões.[8] Tanto fez Crowley, sempre envolvido em escândalos sexuais, uso de drogas, operações mágicas das mais exóticas e Ordens ocultistas, que os periódicos ingleses não tardaram a citá-lo em gritantes manchetes como "rei da depravação", "pior homem do mundo" ou "um homem que gostaríamos de enforcar".

Suas aventuras e comportamento frenético acabaram por desencadear uma série de inimizades. Entre essas estava ninguém menos que o líder mundial da O.T.O., Theodor Reuss. O conflito entre Reuss e Crowley, após uma violenta troca de ofensas e acusações, levou o primeiro a declarar o total expurgo da religião thelêmica da Ordem dos Templários, banindo-a de seus códices. Em contrapartida, Crowley, que passara a exigir a renúncia de Reuss em seu favor, proclamava-se líder mundial da O.T.O., à revelia da vontade do seu fundador. Após a morte de Reuss, Crowley pôde, então, ratificar-se como líder de uma nova vertente da *Ordo Templi Orientis*,[9]

---

7. Alguns rumores pouco embasados historicamente procuram sustentar que a O.T.O. fora fundada pelo industrial austríaco Carl Kellner (1851-1905) ainda no fim do século XIX. No entanto, graças à documentação hoje conhecida, pode-se afirmar a inexistência de relação direta entre esse iniciado e a *Ordo Templi Orientis*.
8. Dentre os escritores que conheceram Crowley citamos o famoso autor de *O Fio da Navalha*, Somerset Maugham (1874-1965). Inspirado em Crowley, Maugham criou o personagem Oliver Haddo, vilão de seu romance *The Magician*.

submetendo-a ao sistema iniciático por ele criado, inteiramente conforme prescrito pela religião thelêmica.

Estabelecendo-se como líder mundial da nova O.T.O., assim Crowley permaneceu, sempre contando com o prestimoso auxílio de alguns fiéis discípulos, dirigindo-a em completa concordância à doutrina da Lei de Thelema, até a celebração de sua Grande Festa, em 1º de dezembro de 1947. Ao longo de toda sua vida, desde a decisão de se dedicar à busca da Grande Fraternidade Invisível, foram vários aqueles que puderam contar com sua instrução e orientação, tanto nos mistérios do ocultismo quanto nas particularidades de sua nova religião.

Todavia, dentre tantos a lhe cruzarem o caminho, um encontro em especial marcaria parte significativa da obra de Aleister Crowley. Como afirmado anteriormente, assíduo frequentador dos bares londrinos, foi exatamente graças às amizades do *Royal Coffee* que em 1937 pôde conhecer provavelmente a mais importante entre todos os seus colaboradores: Frieda Harris (1877-1962), ou, como os thelemitas passaram a chamá-la, Lady Harris.[10]

Não há muito registrado sobre a amizade entre ambos. Crowley foi apresentado a Lady Harris por uma amiga em comum, Greta Valentine (1907-1998), que também era adepta da intensa vida boêmia londrina e frequentadora do *Royal Coffee*. Greta, além de mística e artista, era membro da fina sociedade inglesa, compartilhando com Lady Harris tanto as altas rodas sociais de Londres quanto, principalmente, o estudo da Antroposofia.[11] Por sua vez, além de estudante de Antroposofia, Lady Harris, também era artista e pintora surrealista, fazia parte da comaçonaria[12] inglesa e da Sociedade Teosófica.[13] Bem acostumada aos temas místicos, parte do trabalho de Lady Harris era dedicado a pinturas relacionadas à simbologia esotérica. Dentro desse contexto, hoje são célebres os trabalhos por ela produzidos a respeito dos painéis dos graus de Aprendiz, Companheiro e Mestre Maçom.

Da amizade entre Crowley e Lady Harris,[14] nasceu o Tarô de Thoth.

---

9. Algumas ramificações atuais da O.T.O., as quais ainda subsistem sob essa mesma sigla, à revelia do que diz a documentação disponível sobre a história da Ordem, insistem em afirmar a existência de uma linha sucessória iniciática da O.T.O. passada formalmente de Reuss a Crowley. Entretanto, isso está longe de corresponder à realidade.
10. Seu nome de solteira era Marguerit Frieda Bloxam. O título *Lady*, entretanto, não é usado por mero acaso. Frieda Harris era esposa de Sir Percy Harris (1876-1952), membro do Parlamento inglês e um dos líderes do Partido Liberal da Inglaterra durante as décadas de 1930 e 1940.
11. A Antroposofia foi um sistema de conhecimento filosófico e ocultista formulado por Rudolf Steiner (1861-1925).
12. Também mencionada como Maçonaria mista, a qual aceita indiscriminadamente tanto homens quanto mulheres
13. Fundada por Helena P. Blavatsky (1831-1891).
14. Os thelemitas gostam de citá-los como *the lady and the beast*.

Normalmente, é creditada a Crowley a inteira idealização do Tarô de Thoth. Porém, na realidade, inicialmente ele não pretendia criar novas cartas, mas tão somente fazer uma releitura, *corrigindo* o Tarô, a partir das tradicionais imagens dos Arcanos, mantendo o padrão já conhecido, embora alterando algumas atribuições cabalísticas e astrológicas destes. Para isso, o plano era simplesmente redesenhar um outro baralho, na ocasião considerado por ele o melhor trabalho disponível,[15] adequando-o às instruções já escritas por Crowley.[16] O projeto inicial deveria levar aproximadamente seis meses para ser concluído. No entanto, depois de começado o desenho das cartas, Lady Harris sugeriu que ele procedesse com a elaboração de um Tarô inteiramente novo. A ideia, bem mais ambiciosa, era não apenas evitar a mera repetição de um trabalho preexistente, mas criar todo um pacote original de cartas, as quais, a seu turno, ilustrariam um novo livro a ser escrito por Crowley. A ideia foi inicialmente rejeitada, contudo, Lady Harris insistiu e, finalmente, fez uma proposta a qual não pôde ser recusada por Crowley, que àquela altura passava por dificuldades financeiras: ele passaria a ser seu instrutor de magia, enquanto ela pagaria uma quantia semanal pelas aulas. Concomitantemente, a ideia era transformar as instruções de Crowley nas novas cartas a serem concebidas.

Como discípula de Crowley, Lady Harris recebeu dele o mote místico de *Soror Tzaba*.[17] Embora não fosse, propriamente uma thelemita religiosa, Lady Harris se mostrou uma estudante dedicada e franca, assimilando rapidamente o conhecimento mágico de Aleister Crowley. Do mesmo modo, apesar de confessadamente ignorante sobre os temas relacionados ao Tarô, a partir das orientações de Crowley e enquanto ele delineava seu novo livro, Lady Harris, aos poucos, conseguiu elaborar aquele que viria a ser chamado de Tarô de Thoth.

A ocupação com o novo Tarô foi simplesmente obsessiva. De acordo com o relato do próprio Crowley, Lady Harris empregou por completo sua genialidade na confecção das cartas, entregando-se de corpo e alma ao projeto. Ela, por sua vez, ao longo do processo de criação, dizia-se misticamente tomada e impelida por seu *Sagrado Anjo Guardião*, no sentido de dar a cada carta uma feição perfeitamente acurada, refletindo, por conseguinte, a espiritualidade e a magia do Mestre que tanto lhe inspirava quanto lhe instruía. Porém, o trabalho com as Cartas não apenas espelhava o íntimo da artista. Entre as histórias contadas acerca da elaboração do Tarô de Crowley, diz-se também que, na medida em que Lady Frieda Harris ia produzindo

---

15. O Tarô Rider-Waite.
16. A instrução em questão era o *Description of the Cards of the Tarot*, encontrado em *The Equinox, vol. I nº VIII*. Essa instrução escrita por Crowley tinha como base o conhecimento obtido na G.D., sobre Tarô.
17. Conforme Crowley, *tzaba* é uma palavra hebraica para *hóstia*.

um Arcano específico, de tal ordem era o envolvimento dela com a ideia a ser capturada em tela, que sua vida também passava a refletir as questões nucleares daquele Arcano.

Tanto Crowley quanto Lady Harris eram dados ao perfeccionismo. A partir das descrições e orientações dadas por ele, algumas cartas eram, por diversas vezes, inteiramente refeitas,[18] até que o resultado final satisfizesse a ambos. Na medida em que as Lâminas ficavam finalmente prontas, Crowley deixava claro o seu entusiasmo e surpresa com o resultado, declarando-as imensamente belas, muito além do que qualquer coisa por ele jamais imaginada. Tão árduo foi o trabalho de concepção do novo Tarô que o projeto inicialmente estimado em aproximadamente seis meses levou cerca de cinco anos para ficar pronto.

Ao longo do desenvolvimento do projeto do Tarô de Thoth, Crowley e Lady Frieda Harris enfrentaram uma série de dificuldades, ora devido à debilitada saúde do sexagenário mago, ora consequência de certa hostilidade à parceria estabelecida entre eles. Quanto a essa última questão, especula-se que grande parte da hostilidade advinha da má fama creditada a Aleister Crowley. Já Lady Harris, frequentadora dos círculos da nobreza londrina, podia ter sua reputação manchada, graças à lealdade dispensada por ela a Crowley. Para se ter uma tênue ideia das represálias direcionadas à amizade deles, basta mencionar o abrupto cancelamento da exposição de pinturas de Lady Harris, na principal galeria de artes de Oxford, em 1941. Para a exposição, estavam programadas tanto a exibição de pinturas de Lady Harris, bem como a apresentação de algumas cartas já finalizadas do Tarô. Rumores indicam que a causa da suspensão do evento teriam sido os créditos ao nome do mago, bem como a possível presença de Aleister Crowley no local da exibição. Apesar de toda a dificuldade, mais tarde Lady Harris logrou êxito em exibir o seu trabalho, embora houvesse sido necessário omitir o nome de Crowley de qualquer material publicitário relacionado ao evento.

De todo modo, o trabalho com as Cartas foi concluído por volta de 1943. Já o texto do *The Book of Thoth* ficou pronto em 1944, quando uma tiragem limitada a 200 cópias foi impressa.[19]

Em que se considere toda a influência de Crowley sobre Lady Harris, ele mesmo reconheceu ter sido dela a energia e o ímpeto que deram forma final ao projeto. Por tudo, entre os thelemitas, hoje Aleister Crowley é considerado mentor e pai do Tarô de Thoth, enquanto Lady Harris é acertadamente apresentada como sua mãe. O trabalho final não seria possível

---

18. Algumas cartas foram refeitas oito vezes.
19. Bem posteriormente, no fim da década de 1960, após o falecimento de Crowley (1947) e de Lady Harris (1962), é que um discípulo daquele, Grady Louis McMurtry (1918-1985), finalmente conseguiria publicar o Tarô de Thoth na forma hoje conhecida, levando-o ao público, de modo geral. McMurtry é o fundador do ramo americano da *Ordo Templo Orientis*, organização também conhecida pela alcunha *Califado*.

sem a feliz parceria. Assim, graças ao reconhecimento do trabalho de Lady Harris, o Tarô de Thoth, comumente chamado de Tarô de Crowley, também é citado mais que justamente como Tarô Crowley-Harris.

Assim foi edificado o *Livro de Thoth*, ou, como Crowley gostava de frisar, os *Atus de Tahuti*,[20] ou simplesmente a Morada de Thoth. Dentro do escopo da obra de Aleister Crowley, o conjunto que compreende o *The Book of Thoth* junto com as cartas de seu Tarô tem destacada relevância. Tamanha é a importância desse trabalho, que seus discípulos frequentemente se referem ao Tarô como a própria imagem do Novo Éon. Alguns autores, indo além, veem no Tarô de Thoth algo tão excepcional, que consideram-na a única obra de Crowley. Para esses últimos, o mago há muito teria sido esquecido, caso não tivesse sido produzido o Tarô de Thoth.

Por vezes, Thoth é o deus relacionado ao conhecimento e à sabedoria. Sob esse conceito, encontramos o Tarô de Crowley como um conjunto de chaves cuja utilização levará ao estudante um mundo inteiramente novo de símbolos, de significados e, finalmente, de conhecimento místico e sabedoria iniciática. Se, em um primeiro momento, o conjunto de elementos que compõe o Tarô de Thoth pode parecer estranho, uma vez lhe dado a devida chance de se mostrar, logo ele se desvelará prazeroso e recompensador. Em outras vezes, Thoth aparece como o divino intermediário, aquele a reunir o homem com os planos superiores da existência. Sob esse outro conceito, o Tarô de Crowley aparece como ferramenta ímpar, tanto como oráculo quanto como instrumento de autoconhecimento.

Exatamente dentro dessa última perspectiva é que encontramos a presente edição *Tarô de Crowley — Palavras-Chave*, de autoria dos suíços Hajo Banzaf e Brigitte Theler, oferecida ao público de língua portuguesa pela Madras Editora.

Hajo Banzaf, conhecido no cenário brasileiro em outros livros já editados em português, está envolvido com o estudo do Tarô e da Astrologia desde princípios da década de 1980. Além de conferencista e instrutor, ao longo de todos esses anos Banzaf escreveu diversos livros, além de ter produzido vários artigos publicados em conceituadas revistas europeias sobre a temática esotérica. Por sua vez, Brigitte Theler também possui longa experiência no trabalho com Tarô e Astrologia, destacando-se como editora da reconhecida revista *Astrologie Heute*.

O livro *Tarô de Crowley — Palavras-Chave* pode ser livremente dividido em três partes. Na primeira, concernente à teoria, os leitores tomarão contato com uma rápida exposição da história do Tarô, desde sua origem até nossos dias. Em seguida é apresentada a comparação entre diferentes

---

20. Especialistas em Crowley sugerem a palavra *Atu* como de origem egípcia, sendo sua pronúncia algo bem próximo à da francesa *atout*. Assim, *Atu* significa "casa", "morada" ou "propriedade". Por sua vez, *Tahuti* é uma das formas de grafia do nome do deus Thoth.

Tarôs, focada a partir das cartas mais tradicionais e sua relação com os Tarôs de Rider-Waite e de Crowley. Na segunda parte, já dentro de um contexto prático, são abordadas questões como o que perguntar ao jogo, bem como sugeridas formas de interpretação ou de leituras das cartas. Na sequência, ainda são mostrados diversos modos de se embaralhar as cartas, bem como maneiras distintas de realizar consultas simples.

Na última parte, já objetivando a leitura prática, os autores põem ao alcance dos leitores mais de uma dezena de sistemas diferentes de disposição das cartas em um jogo de Tarô. Os sistemas são detalhadamente apresentados, inclusive com figuras ilustrativas que mostram que cada posição tem o seu respectivo significado. Entre os sistemas, podem ser encontrados o Ankh, o Círculo Astrológico, o Segredo da Alta Sacerdotisa, o Ponto Cego,[21] o Jogo dos Parceiros, a Cruz Celta e tantos outros. Finalmente, complementado a edição, as Chaves à compreensão do Tarô de Crowley como ferramenta oracular são oferecidas. Em uma excepcional análise, ampla e detalhada, carta por carta, os autores apresentam as palavras chaves das 78 lâminas que compõem o Tarô de Crowley. Aqui, as cartas têm seus símbolos individualmente destacados, descritos e interpretados.

No conjunto, este livro mostra-se uma obra eminentemente prática, capaz de dotar seus leitores com a capacidade efetiva de produzir leituras diretas, concisas e eficientes. Ao mesmo tempo, no que diz respeito à simbologia presente nas cartas do Tarô de Thoth, *Tarô de Crowley — Palavras-Chave* desponta como um dos principais materiais de referência já publicados sobre o Tarô de Thoth.

Carlos Raposo

---

21. Sistema de disposição baseado no esquema psicológico conhecido como "Janela de Johari".

O QUE É O TARÔ?

A origem do Tarô

Tarô é um oráculo de cartas, conhecido em sua configuração atual desde o século XVI.* Ele consiste em 78 cartas que se dividem em dois grupos principais. Os Arcanos Maiores[22] compõem-se de 22 cartas numeradas sequencialmente, nas quais são representados motivos individuais, como, por exemplo, um louco, um mago, o sol e a lua, assim como também a morte e o diabo. As 56 cartas restantes, que são chamadas de Arcanos Menores, subdividem-se em quatro séries ou naipes, que possuem respectivamente um símbolo em comum (Bastões, Espadas, Discos ou Copas).

Existem muitas divergências sobre a origem desse oráculo e de como ele teria chegado até a Europa. As pistas mais antigas perdem-se no século XIV. Supõe-se que naquela época os Arcanos Menores tenham chegado ao Ocidente vindos do mundo islâmico. Por outro lado, a origem das cartas dos Arcanos Maiores, que por sua vez são bem mais significativas, é incerta. Elas aparecem somente por volta do fim do século XVI, e não se sabe se a ligação com as cartas dos Arcanos Menores surgiu nessa época ou se as 78 cartas estiveram desde o início juntas.

Com os Arcanos Maiores, muitas pessoas acreditam ter em suas mãos nada menos do que o *Livro da Sabedoria da Casta de Sacerdotes do Antigo Egito*, que durante vários séculos floresceu secretamente até chegar ao conhecimento público, por volta de 400 anos atrás. Outras pessoas partem do princípio, sem dúvida bem mais plausível, de que essas cartas tenham surgido na mesma época em que se tornaram conhecidas.

Tão misterioso quanto a origem dos Arcanos Maiores é o seu estranho "desaparecimento" posteriormente. Enquanto os Arcanos Menores são conhecidos por quase qualquer pessoa em razão de nossos baralhos atuais terem se originado destes, dos Arcanos Maiores somente O LOUCO "sobreviveu". Ele transformou-se no Coringa. As outras 21 cartas restantes desapareceram dos baralhos difundidos nos dias atuais, porém, os quatro naipes dos Arcanos Menores e sua estrutura, por sua vez, permaneceram até hoje. Os símbolos Paus, Espadas, Taças e Moedas, que são até hoje difundidos em jogos de cartas em países de língua românica, tornaram-se na Alemanha Paus, Espadas, Copas, Ouros, assim como Castanhas, Folhas, Corações e Sinos.

---

* N.E.: Sugerimos a leitura de *O Tarot — Um pequeno tratado sobre a leitura das cartas*, S. L. MacGregor Mathers, Madras Editora.
22. Do latim *arcanum* = segredo; *arcana* = segredos.

Duas formas de utilização do Tarô

Existem duas formas fundamentalmente distintas de utilização do Tarô. Ao se estudar o simbolismo, a constituição e a estrutura das cartas, as imagens dos Arcanos Maiores tornam-se um livro de sabedoria que descreve o percurso da vida do homem e, além disso, proporciona uma visão significativa sobre a realidade que existe por trás da realidade. Essa forma profundamente esotérica de se lidar com o Tarô restringe-se às 22 cartas dos Arcanos Maiores, que formam a verdadeira proposição filosófica e contêm a filosofia de vida do Tarô. Chaves importantes para esse plano profundo podem ser encontradas principalmente na Mitologia,[23] na Alquimia e na Mística Numérica. Em contrapartida, as cartas dos Arcanos Menores, pelo que se sabe até o momento, nunca foram usadas com uma outra finalidade, senão a de consultar as cartas — a segunda maneira de utilizar-se o Tarô, que é também a mais conhecida. Este livro trata dessa segunda forma. Nesse âmbito, as diferenças entre os Arcanos Maiores e os Menores diminuem, já que, ao se utilizar as cartas para uma consulta, elas são tratadas como se tivessem quase a mesma importância.

O acaso e os oráculos baseados no acaso

A proximidade entre oráculo e jogo não é um fenômeno que se restringe somente às cartas de Tarô. Outros jogos também se originaram de antigos oráculos, como, por exemplo, o jogo de dados, o sorteio ou o *Mikado*. Por trás disso está a convicção de que o acaso é algo significativo. A afirmativa que se ouve hoje em dia com frequência, de que "não existem acasos", parte do mesmo princípio, mas é, rigorosamente falando, errada. O mais correto seria dizer que não existe nenhum acaso sem sentido. Isso corresponderia melhor ao significado original dessa palavra que surgiu na Idade Média e com a qual, a partir de então, designa-se algo que acontece a alguém, algo que lhe coube imprevisivelmente. A ideia de o acaso tratar-se apenas de uma arbitrariedade, uma fatalidade absurda ou um capricho do destino foi aceita facilmente pelo pensamento racional, pois assim ele se desvencilhava do apuro de ter de encontrar explicações para fenômenos inexplicáveis. Entretanto, a disposição de presumir uma força significativa por trás de um acaso vem aumentando consideravelmente. O que há por trás disso?

Quando se traduz o conhecimento sobre o caminho de cura do homem, como ele é descrito nas mais diversas doutrinas espirituais da humanidade, para a linguagem da Psicologia, o nosso objetivo de vida encontra-se na busca da plenitude, e a força que impulsiona cada um de nós na sua direção é o ego.

---

23. A esse respeito, ver Hajo Banzhaf, *Tarot und die Reise des Helden*, um estudo das chaves mitológicas dos Arcanos Maiores.

Esse é o nome que foi dado por C. G. Jung à totalidade, que engloba tanto o consciente quanto o inconsciente de uma pessoa. Como o nosso "Eu", sendo o centro do consciente, é somente uma parte desse ego — e muito provavelmente somente uma parte bem pequena —, ele não pode fazer uma ideia abrangente da totalidade e, por isso, também não pode falar com precisão sobre sua natureza. Nós podemos, no entanto, atentar às suas mensagens, que captamos por meio de sonhos e inspirações, e observar sua atuação, ou seja, como ele se mostra por intermédio de muitos fenômenos casuais em nossas vidas. Obviamente, o observador aqui faz parte do experimento, de uma forma semelhante à sutil Física Quântica. Quem vê os sonhos apenas como quimeras, mal pode perceber algo neles que faça sentido. Por outro lado, aqueles que se dedicam a estudar com atenção as inspirações do inconsciente, assim como também os acontecimentos casuais, percebem neles elementos de fato inusitados.

Os oráculos podem ser compreendidos também por esse prisma, pois, justamente por sua constelação casual, são capazes de fazer afirmações expressivas, ainda que tal suposição esteja em flagrante oposição à opinião científica. E exatamente aqui se encontra a objeção frequentemente ouvida em relação ao Tarô: "Mas, se as cartas forem colocadas cinco vezes seguidas, obter-se-á cada vez uma resposta diferente, por meio das diferentes cartas". Isso é tão certo quanto errado. Realmente, em um caso destes, tiram-se em sua maioria cartas diferentes, mas isso não prova nada. Somente a argumentação racional se baseia na reprodutibilidade de um experimento. Para tal, é necessário excluir completamente o acaso e realizar uma série de experimentos sem nenhuma interferência em um ambiente adequado, como um laboratório fechado. Se o experimento puder ser repetido inúmeras vezes obtendo-se o mesmo resultado, ter-se-á então a comprovação do mesmo. Porém, os oráculos baseados no acaso, assim como os sonhos, pertencem ao mundo irracional e não se deixam medir por meios racionais. Um sonho não precisa ocorrer cinco vezes para se tornar significativo. Um oráculo tampouco vive da reprodutibilidade. Enquanto no mundo racional o acaso é tido como uma grandeza incalculável e um indesejável "desmancha-prazeres", que pode vir a atrapalhar qualquer experimento, no mundo irracional ele se mostra como o fator de maior importância e expressividade. Por isso, a constelação de uma primeira e única disposição de cartas é significativa, e o fato de essa disposição não poder ser reproduzida inúmeras vezes não comprova nada.

Se acompanharmos o pressuposto da psicologia junguiana de que no inconsciente descansam forças que guiam a nós, seres humanos, então podemos compreender o Tarô como um diálogo entre o consciente e o inconsciente. Porque, assim como outras vivências e experiências pelas quais passamos são desencadeadas pelo inconsciente para que possamos tirar uma lição e, por meio delas, crescer e amadurecer, os conselhos do Tarô também surgem em nossas vidas como mensagens do inconsciente. Esse contexto deixa o oráculo aparecer sob uma luz completamente diferente e o transforma em uma fonte singular de autoconhecimento. Para que eles fossem entendidos sob essa perspectiva, o filósofo Thales de Mileto mandou inserir no Templo de Delfos, no início do século VI a.C., a famosa inscrição: "Conhece-te a ti mesmo", para deixar claro o verdadeiro sentido de todo e qualquer oráculo. Quem absorver essa mensagem e se deixar guiar por ela seguirá o caminho correspondente à sua própria individualidade e encontrará a si mesmo. Por outro lado, quem considerar o inconsciente apenas um "país das maravilhas", do qual emana um poder mágico capaz de explorar inescrupulosamente o "Eu" com a finalidade de saciar sua ilimitada necessidade de afirmação e suas expectativas ingênuas sobre a sorte; quem quiser calcular com isso os números da loteria ou encarar o Tarô como um seguro espiritual contra os desgostos da vida, sentir-se-á, na melhor das hipóteses, decepcionado, quando não, sofrerá uma grande frustração. "Toda aproximação ao inconsciente com intenção de tirar proveito surte um efeito destrutivo",[24] alerta a junguiana Marie-Louise von Franz. Ela compara esse processo à exploração desrespeitosa das florestas, à depredação exaustiva da natureza e ao saque ganancioso das riquezas do solo, o que leva invariavelmente à destruição do equilíbrio biológico. Na perda do equilíbrio, encontra-se também o significado original da palavra pecado. Talvez seja esse o perigo, que tem dado repetidamente às cartas do Tarô a má fama de ser o livro de orações do diabo.

---

24. Marie-Louise von Franz, *Individuation im Märchen*, p. 37.

AS DIFERENTES VERSÕES DO TARÔ

As cartas tradicionais

Entre as muitas versões de Tarô conhecidas nos dias de hoje, o Tarô de Marselha* é considerado o clássico, por ser o que mais se aproxima das ilustrações das cartas dos séculos passados. Contudo, não se pode dizer que aqui se trata das representações originais, pois as cartas apresentaram desde sempre uma grande variação e não nos é conhecido nenhum Tarô original. Uma característica típica das cartas mais antigas consiste no fato de que somente as cartas dos Arcanos Maiores, as Cartas da Corte (Rei, Rainha, Cavaleiro e Pajem) e, em alguns casos, os quatro Ases são ilustrados com figuras. Exceto os floreados e as grinaldas, as ilustrações das cartas restantes restringem-se essencialmente à reprodução numérica do seu naipe, de modo semelhante às cartas dos baralhos atuais. Na carta CINCO DE MOEDAS, veem-se cinco moedas, assim como na carta CINCO DE OUROS, cinco figuras representando "ouros". A interpretação destas cartas é algo compreensivelmente difícil. Ou se decoram todos os seus significados ou se utiliza um outro sistema para determinar a mensagem de cada carta.

Uma das possibilidades, por exemplo, consiste em fazer uso da relação existente entre as quatro séries dos Arcanos Menores e os Quatro Elementos, como é mostrado a seguir: Bastões = Fogo, Espadas = Ar, Moedas = Terra e Copas = Água. Acrescentando a isso o conhecimento transmitido pela Mística Numérica sobre a qualidade dos números de 1 a 10, pode-se deduzir por meio desses dois componentes o significado de cada carta. Como o número três representa, entre outras coisas, uma estabilidade sadia e crescimento ativo, e Copas, como o Elemento Água, representa o mundo dos sentimentos, temos a seguinte interpretação para a carta TRÊS DE COPAS: sentimentos intensos sobre uma base sadia. Sem dúvida, para a maioria das pessoas, esse tipo de acesso à mensagem das cartas é muito trabalhoso e bem menos inspirador do que uma imagem expressiva.

O Tarô de Rider-Waite

No início do século XX, Arthur Edward Waite (1857-1942) e Pamela Colman Smith (1878-1951) criaram novas cartas que foram publicadas em 1910 sob o nome Tarô de Rider[25] ou Tarô de Rider-Waite, que se tornaram

---

* N.E.: *Tarô de Marselha — Espelho Meu*, Vera Martins, Madras Editora.
25. William Rider foi o editor dessas cartas.

as cartas de Tarô mais conhecidas e com maior propagação pelo mundo. Ambos os criadores dessas cartas eram membros da Ordem Hermética da Aurora Dourada, famosa associação esotérica que existiu em Londres na virada do século. Nesse círculo, do qual personalidades muito ilustres faziam parte, as pessoas ocupavam-se intensivamente com tradições ocidentais e em especial com o Tarô. A. E. Waite, que foi durante um período o líder dessa Ordem, era tido como a "biblioteca ambulante" da casa. Baseado no seu vasto e profundo conhecimento, ele concebeu as novas cartas, ilustradas pela artista P. C. Smith. Enquanto nas representações das cartas dos Arcanos Maiores é possível, na maioria dos casos, reconhecer o modelo clássico, nos Arcanos Menores houve uma criação completamente inovadora. Cada uma delas foi ilustrada individualmente e, a partir de então, é possível deduzir o significado de todas as 78 cartas por meio das figuras. Nessa mudança, encontra-se um enriquecimento enorme, o motivo principal para a enorme popularidade e a ampla propagação dessas cartas de Tarô.

O Tarô de Crowley

No segundo lugar em popularidade — pelo menos nos países de língua alemã e inglesa —, encontra-se um Tarô que remonta à pessoa amplamente discutida de Aleister Crowley (1875-1947)*, ao qual muitos conferem a má fama de satanista e praticante de magia negra, enquanto outros, dentre os quais pessoas muito inteligentes, veem nele um grande iniciado. Crowley, que sofreu muito durante a sua infância sob o sectarismo estreito da casa de seus pais e não vivenciou o Cristianismo de forma alguma como uma mensagem de amor, profetizou apaixonadamente o fim dessa religião, proclamou-se anticristo e, por fim, até se tornou preconizador de uma nova era. Por ele ter, com isso, provocado o medo do satanás, adormecido no homem ocidental desde os tempos medievais, e também por não ter deixado passar em branco uma oportunidade de se tornar impopular, ele não só foi tachado de grande facínora, como também ficou com uma reputação de tal forma ruim que esta se perpetuou muito além do seu tempo. Até hoje, algumas almas temerosas estremecem só em ouvir o seu nome, e não são poucas as pessoas que temem ser a ocupação com a sua obra o ingresso garantido para o inferno. Isso não é verdade.

Crowley não era criminoso nem propagava o mal. Para ele, o Cristianismo tratava-se da subjugação de uma crença ultrapassada e hipócrita. Com esse propósito, ele atreveu-se, de fato, a manchar os valores sagrados do Ocidente, ousadia pela qual nunca foi perdoado. Como a sua tentativa de fundar uma nova religião mundial tem até hoje permanecido sem nenhum sucesso que mereça ser mencionado e, além disso, a sua obra mágica desperta

---

* N.E.: Sugerimos a leitura de *Rituais de Aleisteir Crowley — A Magia da Besta 666*, Marcos Torrigo, Madras Editora.

o interesse apenas de um pequeno círculo de iniciados entusiastas, o nome Crowley já teria há muito tempo caído no esquecimento, se ele não tivesse, perto do fim de sua vida, concebido um novo Tarô. Este surgiu em 1944 com o nome de *O Livro de Thot*, assim denominado em razão do deus da sabedoria e das fórmulas mágicas do antigo Egito. Nessas cartas, pintadas pela artista Lady Frieda Harris (1877-1962), ele deixou fluir todo o seu conhecimento mágico. Por ser um homem altamente instruído e viajado, e uma sumidade extraordinariamente versada em tradições esotéricas, não é de se surpreender que esse Tarô seja além de fascinante, até hoje inigualável em seu conteúdo simbólico e em sua complexidade.

Em comparação ao Tarô de Rider, essas cartas profundamente elaboradas causam, sem dúvida, uma dificuldade. As imagens são certamente fascinantes, mas não são simples, tampouco agradáveis. Justamente por causa da profundidade e da riqueza de seu simbolismo, o acesso ao seu significado nem sempre é fácil. Além disso, soma-se o fato de Crowley, ao conceber as cartas dos Arcanos Menores, ter-se posicionado entre a representação simples, mas inexpressiva, das cartas antigas de um lado e os motivos de compreensão fácil do Tarô de Rider do outro. Pode-se dizer que ele abstraiu em suas cartas as respectivas ideias. Dessa forma, o seu significado foi bem expresso, porém somente para aqueles que são capazes de decifrar os seus símbolos. Como que para amenizar um pouco essa dificuldade adicional, cada carta do Tarô de Crowley recebeu um nome. Para algumas pessoas, isso pode ajudar na interpretação das cartas. Porém, muitos outros leem apenas o nome das cartas sem analisar a figura, que, comprovadamente, fala mais do que mil palavras, e acabam, muitas vezes, compreendendo pouco ou nada do que a carta realmente tem a dizer.

Além disso, as cartas de Crowley diferenciam-se dos baralhos usados como modelo também em sua estrutura. Há alguns anos, pareciam conter três Magos. Essa "mudança" não foi, contudo, idealizada por Crowley. As pinturas originais das cartas, que pertenciam ao espólio da pintora Lady Frida Harris, foram deixadas como herança para o Instituto Warburg em Londres. Quando Werner Ganser, que ficou responsável pela nova edição desse Tarô nos anos de 1980, mandou fotografá-las novamente, descobriu duas variantes do Mago. Estas lhe agradaram tanto, que ele sugeriu ao fabricante das cartas adicioná-las ao novo Tarô de Crowley como peças de colecionador. Dessa forma, houve uma aparente ampliação desse Tarô para 80 cartas, mas que, entretanto, foi reavaliada; e a partir de 1998, os dois "novos" Magos desapareceram outra vez desse baralho.

Uma outra modificação que gera confusão é a nova denominação das Cartas da Corte. Elas interceptam-se em parte com os nomes antigos das cartas, causando equívocos, como é mostrado a seguir:

Denominação tradicional das Cartas da Corte:	Cartas da Corte correspondentes no Tarô de Crowley:
Rei	Cavaleiro
Rainha	Rainha
Cavaleiro	Príncipe
Pajem	Princesa

Além disso, algumas cartas dos Arcanos Maiores receberam novos nomes no Tarô de Crowley. A carta A JUSTIÇA passou a se chamar AJUSTAMENTO (VIII), a RODA DA FORTUNA, também conhecida em muitos lugares como a RODA DA SORTE, passou a ser chamada reduzidamente de FORTUNA (X), A FORÇA tornou-se VOLÚPIA (XI), A TEMPERANÇA transformou-se em ARTE (XIV) e O MUNDO chama-se agora O UNIVERSO (XXI). A mudança fundamental ocorreu com a vigésima carta. Ela chamava-se O JULGAMENTO e mostrava o milagre da ressurreição no dia do Juízo Final. No entendimento de Crowley, esse tema pertence à Era de Osíris, a era dos deuses imolados e autossacrificados, que já caminha para o final. A sua nova carta O AEON representa o nascimento da Era de Hórus,[26] que agora se aproxima e na qual Hórus pode ser visto como o senhor desse novo Aeon. Dessa forma, o significado desta carta também foi, obviamente, transformado. Ela não representa mais a salvação e o milagre da transformação, como nos Tarôs antigos, mas sim o nascimento do novo e uma visão de um futuro distante.

Outras variantes do Tarô

O que para algumas pessoas é percebido como um enriquecimento qualitativo, para outras parece ser mais uma entre as muitas inflações em um tempo sedento por quantidade: o número constantemente crescente de novas cartas de Tarô, que mal se pode acompanhar. O espectro abrange desde inúmeras variantes das cartas de Rider-Waite e dos Tarôs clássicos, curiosidades estranhas e pretensos exotismos, até belíssimas novas edições de antigos baralhos, e, naturalmente, muitas cartas com nomes românticos, denominadas de acordo com culturas desaparecidas ou figuras misteriosas. Porém, ao analisá-los mais atentamente, descobre-se que mesmo os Tarôs ditos do "Extremo Oriente", "ricos em tradição" e "do antigo Egito" surgiram nas últimas décadas, na Europa ou nos Estados Unidos.

---

26. Esses significados escolhidos por Crowley correspondem tematicamente à Era de Peixes (Osíris) e à Era de Aquário (Hórus), que está despontando.

Existem cartas de Tarô certas e erradas?

Em vista desse desenvolvimento, pode-se questionar se, e até que ponto, é válido o surgimento constante de novos Tarôs, hoje em dia bem mais do que em outras épocas. Ao mesmo tempo, sempre voltam a surgir rumores sobre a existência de cartas especialmente boas e confiáveis, ao passo que outras — como se fossem obra do diabo — prejudicam e enganam a pessoa que as usa. Se um Tarô é certo ou errado depende do que a pessoa venha a fazer com as cartas. Se elas forem estudadas como um livro de sabedoria (veja página 9), pode-se verificar rapidamente se a simbologia dos Arcanos Maiores foi compreendida pelo idealizador das novas cartas, e quem sabe até tenha sido enriquecida com um ou outro detalhe, ou seja, se a essência de sua mensagem foi mantida ou adulterada. Se, por outro lado, as cartas forem utilizadas como um oráculo para consultas, então não existe certo nem errado. Pois, nesse âmbito, não importa qual Tarô é utilizado ou se as respostas serão obtidas por meio de Runas, do *I Ching* ou da borra de café, mas sim quanto a pessoa que interpretará as cartas é versada na linguagem do respectivo oráculo, ou seja, quão bem ela compreende a mensagem que o acaso colocou nessa constelação específica. Evidentemente, existem sistemas de oráculos que amadureceram no decorrer dos anos e por isso podem oferecer uma resposta mais diferenciada do que os métodos mais simples, como, por exemplo, jogar uma moeda. Porém, quando uma pessoa cria um Tarô que só trata de temas tenebrosos, a resposta será irrefutavelmente tendenciosa e o mesmo ocorrerá com um que contenha apenas temas inofensivos e açucarados.

Perguntas frequentes e suas respostas

O que perguntar às cartas?

- Sobre uma situação atual ou o desenrolar de um assunto.
- Sobre tendências ou perspectivas futuras.
- Sobre um conselho para resolver um problema ou alcançar um objetivo.
- Sobre as causas e o que está por trás de determinada situação.
- Sobre qual seria a melhor decisão ou a maneira mais inteligente de agir em determinada situação.
- Questões que levem ao autoconhecimento e à autoanálise.

O que não se pode saber pelas cartas?

As cartas só podem representar um assunto por meio de imagens, mas não podem fornecer nomes de pessoas ou lugares, tampouco números de telefone, datas, horários ou coisas parecidas. Não se pode obter por meio delas nenhum diagnóstico médico. E, principalmente, elas não podem responder a perguntas com "sim" ou "não". Para quem estiver procurando esse tipo de resposta, é melhor usar uma moeda para tirar cara ou coroa. Contudo, as cartas podem ajudar em decisões, indicando as consequências sem tomar a decisão pelo consulente.

Como as cartas podem fornecer-nos uma resposta significativa?

Não se pode, com certeza, explicar esse fenômeno suficientemente. Mas, além do que foi dito no item "O acaso e os oráculos baseados no acaso", existem duas considerações interessantes:

O inconsciente possui uma relação com o tempo e o espaço diferente do nosso consciente e, por isso, é capaz de enxergar além dos horizontes do presente; uma situação que quase todo mundo já experimentou ao sonhar com o futuro ou ter tido uma premonição. Assim, como a linguagem do consciente compõe-se de palavras, o inconsciente fala por imagens. As cartas do Tarô podem ser compreendidas como o alfabeto dessa linguagem figurativa da nossa alma, por meio do qual o inconsciente expressa como ele vê o tema de uma pergunta. Tudo o que o consciente tem a fazer é aprender a linguagem do inconsciente para compreender o que é dito.

A segunda consideração diz respeito ao conceito de simultaneidade, de sincronicidade, como C. G. Jung denominou esse fenômeno. Nós estamos acostumados a medir o tempo quantitativamente. Mas existe também uma qualidade do tempo, da qual a nossa linguagem ainda se recorda quando se fala de o "momento certo". Sob essa perspectiva, cada momento tem as suas próprias características, que se mostram de uma mesma forma em planos diferentes. De uma forma macrocósmica nas constelações planetárias, de uma forma microcósmica no movimento dos átomos e entre esses dois planos, em muitos outros níveis, aos quais pertencem o Tarô, assim como o *I Ching** e outros oráculos. Como em uma visão integral do mundo, a pergunta e a resposta constituem uma só unidade: no momento em que se faz a pergunta, encontra-se também a resposta. Ao conseguir reconhecer a qualidade do momento da pergunta, compreende-se então a resposta. Por essa razão, é pouco relevante quais cartas de Tarô ou qual oráculo seja escolhido. O importante é que o intérprete compreenda a linguagem desse oráculo específico.

Existe um significado secreto, porém realmente verdadeiro, definitivo e objetivo das cartas?

Não. Só existem interpretações subjetivas. Por isso, encontramos afirmações divergentes e, em parte, até completamente contraditórias, em livros e interpretações de diferentes especialistas que são absolutamente competentes. A razão disso é, por um lado, o fato de o Tarô não ser nenhuma

---

* N.E.: Sugerimos a leitura de *A Metafísica do I Ching — Uma Ciência Altamente Evolutiva*, Jorge Damas Martins, Madras Editora.

linguagem secreta, que algum dia tenha sido inventada por um sábio ou algum grupo de iniciados, e cujo código tenhamos de decifrar. Trata-se muito mais de símbolos arquétipos — em especial nas cartas dos Arcanos Maiores —, que correspondem e têm origem na linguagem figurativa de nossas almas. Em consequência disso, a chave para o Tarô encontra-se muito menos nos mistérios de alguns grupos de ocultismo e muito mais na psicologia profunda de C. G. Jung. Pela sua natureza, um símbolo nunca é unilateralmente evidente, como também nunca poderá ser compreendido em toda a sua profundidade. Por isso, as interpretações mais distintas também podem estar corretas, sendo que cada uma delas estará esclarecendo um aspecto específico de um todo.

Como uma pessoa pode tirar as cartas certas, sem que as conheça ou saiba o que significam e sem saber que método de disposição o intérprete utilizará?

A regra básica é: "O consulente joga sempre o jogo do intérprete". Ao que parece, estamos muito mais ligados uns aos outros no nível inconsciente do que a impressão externa nos deixa suspeitar e, em razão disso, forma-se uma espécie de unidade entre ambos os envolvidos. Graças a essa unidade, o consulente é capaz de tirar a carta certa para esse intérprete específico. Por essa razão, também é improdutivo deixar que outro especialista avalie uma interpretação, pois, para a percepção deste, o consulente provavelmente teria tirado outras cartas, o que poderia, contudo, ter conduzido a uma mensagem semelhante.

Qual a diferença qualitativa existente no processo de interpretação das cartas?

A qualidade da interpretação depende naturalmente do horizonte da pessoa que interpreta as cartas. Quem tem uma imagem limitada do mundo só poderá traduzir as cartas por meio das suas noções restritas. Por outro lado, a compreensão do consulente sempre depende do seu grau de amadurecimento. Se ele quiser saber apenas se e quando finalmente terá sorte, quando algo dará certo ou quando algo desagradável chegará ao fim, sem se interessar pelas razões escondidas por trás disso tudo, talvez se decepcione com um aconselhamento realmente sério e competente, porque ali ele não encontrará nenhuma resposta simplificada.

É preciso estar concentrado na pergunta ao embaralhar, cortar, tirar ou dispor as cartas?

Não, de jeito nenhum. Deixe-se levar pela ideia de que o seu inconsciente já sabe de qualquer forma o que você quer perguntar. Apenas o seu consciente precisa ainda saber qual é a pergunta. Assim, a colocação da pergunta nada mais é do que uma conscientização e deve ser encarada dessa maneira. Deixe claro para si o que você gostaria de saber. Enquanto embaralha, tira ou dispõe as cartas, você pode esquecer a pergunta (por isso, talvez seja melhor escrevê-la, para tê-la presente ao interpretar as cartas).

O que se deve observar ao embaralhar as cartas?

Isso depende de como você procederá depois. Se você seguir a sugestão deste livro e retirar as cartas uma a uma, depois de tê-las espalhado voltadas para baixo, em forma de um leque em cima da mesa, então o ato de embaralhar não é importante e você não precisa prestar atenção a nada em especial. Se, por outro lado, simplesmente tirar as cartas que estiverem por cima do monte que foi embaralhado, você deve então, de fato, seguir os rituais para embaralhar as cartas, descritos em alguns livros, para que as cartas "certas" fiquem acessíveis.

Se você quiser também, na hora da interpretação, atribuir um significado distinto às cartas que, quando viradas, encontram-se de cabeça para baixo, ou seja, invertidas, é aconselhável que as misture com ambas as mãos, em cima da mesa, com as figuras voltadas para a superfície desta, para que as cartas tenham a oportunidade de se virar em uma ou outra direção.

Como saber qual dos muitos significados de uma carta é o certo em um caso específico?

Usando a intuição. Não se surpreenda se você — como intérprete — de repente acentuar o aspecto de uma carta que tenha sido menosprezado até então ou descobrir um pormenor completamente novo. Por outro lado, desconfie se você estiver usando automaticamente sempre a mesma interpretação para as cartas, como se fossem fórmulas.

Se você alguma vez "emperrar", sem ter palavras e sem saber como seguir adiante, as próprias cartas poderão ajudá-lo: pergunte a respeito do significado específico de uma carta utilizando a Cruz como sistema de disposiç 69).

Quando se dispõe as cartas sobre um mesmo assunto várias vezes seguidas, aparecem sempre as mesmas cartas?

Provavelmente não. Se as disposições seguintes, porém, terão algum significado, depende da razão pela qual se colocaram as cartas uma segunda vez. Se a pessoa, com isso, quiser apenas comprovar que não faz nenhum sentido a consulta de cartas, essas disposições adicionais serão insignificantes (leia sobre isso no item "Acaso e oráculos baseados no acaso"). O mesmo vale para o caso de o consulente estar insatisfeito com a primeira disposição e, por essa razão, tirar imediatamente outras cartas. Porém, se o motivo for o esclarecimento de uma ou mais questões complementares após uma interpretação bem-sucedida, ocorre com frequência de as disposições seguintes acrescentarem informações coerentes com o que foi dito anteriormente, sem que as cartas, dessa forma, "caiam em contradição".

Por quanto tempo é válida a interpretação? Para qual espaço de tempo pode-se consultar as cartas?

Isso depende totalmente do fator de tempo que está vinculado à pergunta feita. No geral, as cartas dão uma perspectiva sobre um espaço de tempo de três a seis meses. No caso de a pergunta ser, por exemplo, sobre uma mudança de apartamento ou uma escolha profissional, as cartas elucidam um período de tempo bem maior, ao passo que, em uma pergunta sobre férias de 14 dias, a resposta restringe-se a esse espaço de tempo.

Além disso, algumas cartas possuem um aspecto temporal: o OITO DE BASTÕES e, às vezes também, A CARRUAGEM (VII) encurtam um período de tempo. Por outro lado, cartas que exigem paciência são: o OITO DE DISCOS, e, principalmente, o QUATRO DE ESPADAS e O PENDURADO (XII), que, em parte, indicam até mesmo uma demora considerável no desenrolar do assunto da pergunta.

Quão confiável é o oráculo das cartas?

Tão confiável quanto o conselho de um velho sábio. Por isso, deve-se levar a sério a mensagem das cartas e seguir as suas recomendações. Porém, assim como não se pode encontrar neste mundo uma verdade absoluta, ela também não pode ser encontrada no Tarô.

As cartas, bem como outros oráculos, indicam experiências pelas quais passaremos. Sob esse ponto de vista, suas mensagens são bastante confiáveis. Mas como uma pessoa reagirá a essa experiência, e quais acontecimentos resultarão para ela, não pode ser previsto com exatidão. Isso vale principalmente para pessoas que vivem de uma forma muito consciente e não se desviam diante de desafios difíceis para soluções aparentes e confortáveis. Elas moldam a sua liberdade de desenvolvimento pessoal com uma margem tão ampla que a quota de acertos dos prognósticos é para elas muito menor do que para uma pessoa que vive inconscientemente, que se deixa levar pelo destino, que segue constantemente o caminho do menor esforço e que reage dessa forma muito mais previsivelmente.

De qualquer maneira, deve-se partir do princípio de que nenhuma consulta às cartas expõe situações inevitáveis, mas sim mostra a tendência de uma situação que acontecerá, se o consulente continuar agindo da mesma maneira como agiu até o momento. Mas, se a pessoa escolher seguir outro caminho, até mesmo por causa das perspectivas que o Tarô lhe mostrou, é natural que a tendência prognosticada pelas cartas perca a validade.

Existe alguma restrição para a previsão das cartas e, com isso, assuntos sobre os quais o intérprete não pode ou não deve fazer uma previsão?

Sim, existe. Uma pessoa que interpreta as cartas não é, ao contrário da ideia vigente, nenhum vidente, e sim muito mais um tradutor, que entende a linguagem das imagens e a traduz para o consulente. Dessa forma, ele se iguala a um intérprete de sonhos. A importância da mensagem consiste em transmitir uma compreensão profunda sobre as conexões complexas de um desenvolvimento atual ou futuro. Assim, a previsão restringe-se à descrição figurativa das experiências vinculadas a ela. Prognósticos que vão além disso e que, aparentemente, comprometam o consulente em uma situação inevitável são sem valor e questionáveis.

Uma pessoa pode ficar dependente das cartas de Tarô?

Certamente, existem pessoas que não dão nenhum passo sem antes pedir permissão às cartas. Mas, provavelmente, elas não passaram a ser dependentes por causa do Tarô, e sim por possuírem uma predisposição, o que poderia tê-las feito se fixar em qualquer outra coisa. Felizmente, o vício do Tarô faz parte do grupo dos poucos vícios que curam a si mesmos. Enquanto outras dependências sempre exigem mais e assim vão constantemente aumentando, essa vai diminuindo no decorrer do tempo, porque quanto mais descontroladamente se fizerem perguntas às cartas, mais enfraquecida torna-se a sua força de expressão, até chegar a não fazer mais sentido.

As pessoas podem ser manipuladas pelas cartas e outros oráculos ou até passarem por experiências ruins apenas por elas terem sido prognosticadas?

É claro que não se pode excluir essa possibilidade com segurança; por isso, é importante esclarecer, antes de consultar as cartas, se a pessoa está preparada para ouvir toda e qualquer resposta. Quem se deixa aconselhar por terceiros deve recorrer apenas a pessoas que lhe sejam simpáticas e inspirem confiança, e deve evitar aconselhamentos sombrios e ameaçadores, que não esclarecem nada.

Como se deve lidar com prognósticos assustadores?

Frequentemente, aparecem pessoas procurando ajuda em uma consulta, após terem ouvido de algum vidente (para os quais parece não haver limites entre o que possa ou deva afirmar) a previsão de um infortúnio aparentemente inevitável (morte de um parente próximo, uma ruína financeira seguida de suicídio, etc.) Uma conversa para esclarecer que essas afirmações são arbitrárias e insustentáveis surte pouco efeito. Somente quando o consulente compreende que ele talvez "precisasse" desse presságio para poder enxergar o seu companheiro novamente com outros olhos é que se dissipa a pressão sobre a alma. (Essa é a questão, pois, de qualquer forma, a profecia apocalíptica não se realiza). Com isso, não se deve justificar o fato de adivinhos irresponsáveis fazerem afirmações sem fundamento e assustadoras, além de totalmente sem valor.[27] Contudo, é importante que se compreenda que o consulente, nesse caso, assim como em qualquer outro aconselhamento ou terapia, recebe as informações e passa pelas experiências que ele provavelmente esteja "precisando" nessa determinada situação.

Em que consiste a importância de um oráculo?

No autoconhecimento, e não na adivinhação dos acontecimentos profanos da vida diária. O que faz o Tarô ser tão valioso (assim como também a Astrologia e o *I Ching*) é a profunda compreensão da finalidade e da essência de nossas vidas, para a qual esse oráculo pode e quer nos conduzir.

Qual é a relação existente entre o Tarô e a Astrologia ou o I Ching?

Enquanto a força do Tarô consiste em evidenciar processos que ocorrem em um âmbito próximo ao consulente, a Astrologia é uma excelente chave para desvendar a natureza intrínseca do homem, a sua missão na vida e os seus grandes ciclos de experiências. O *I Ching* pode oferecer impulsos valiosos, principalmente àqueles que queiram penetrar nos níveis de significados mais profundos de uma experiência. Cada um desses oráculos fala a sua própria linguagem, porém, tradições ocidentais como o Tarô e a Astrologia estão mais próximas uma da outra. Elas estão aproximadamente uma para a outra assim como a língua alemã está para a língua inglesa: deixam-se traduzir bem uma pela outra. No entanto, em ambas as línguas existem também expressões que precisam ser parafraseadas de outra forma. A distância em relação ao *I Ching* é realmente tão grande quanto a diferença entre o alemão e o chinês. É necessária uma sensibilidade muito profunda pela outra cultura para poder compreender a sua linguagem.

Pode-se, afinal, fazer perguntas às cartas sobre o cotidiano?

Sim, claro. Qualquer pergunta que uma pessoa se faça seriamente pode também ser feita ao Tarô.

---

27. Se fosse possível dizer, por exemplo, a forma como alguém iria morrer, e isso realmente acabasse se confirmando, seria uma previsão totalmente inútil, porque o conhecimento desse fato não teria servido ao consulente para nada nem teria fomentado o seu autoconhecimento.

Pode-se consultar as cartas para pessoas que não estejam presentes?

Sim, é possível, desde que se tenha a autorização dessa pessoa e/ou se tenha um interesse legítimo na questão. Nesse último caso, temos o exemplo de quando uma pessoa tem um relacionamento com outra e consulta as cartas para perguntar algo sobre a atual situação do relacionamento. Porém, se uma pessoa quiser apenas bisbilhotar a vida particular de outra, sem a sua autorização e só por curiosidade, então as afirmações das cartas tornam-se sem valor.

Por que as cartas devem ser tiradas com a mão esquerda?

Porque a mão esquerda vem, figurativamente falando, do coração e o lado esquerdo do corpo é, desde tempos antigos, tido como o lado intuitivo, fato este confirmado pelas atuais pesquisas sobre o cérebro. Os canhotos também devem tirar as suas cartas com a mão esquerda.

Pode-se deixar outra pessoa tirar as cartas por nós?

Sim, pode-se. Quando alguém está muito tenso interiormente ou tem uma expectativa muito grande em relação a uma pergunta, é até melhor que deixe outra pessoa, que lhe seja simpática, tirar, dispor e interpretar as cartas por ele.

DA PERGUNTA À INTERPRETAÇÃO

Acesso rápido para impacientes

Se você é impaciente demais para se demorar em longas leituras de instruções de uso e, em vez disso, preferir simplesmente começar logo e experimentar como se colocam as cartas, siga estas instruções:

1. Faça uma pergunta sobre um assunto do seu interesse. Caso se trate de questão sobre uma decisão a ser tomada, você não deve formular a pergunta de maneira que só seja possível respondê-la com um "sim" ou com um "não". Pergunte, em vez disso, o que acontecerá se você fizer tal coisa e o que acontecerá se você não a fizer.

2. Procure o sistema de disposição adequado para a sua pergunta na tabela da página 31. Se isso lhe parecer muito trabalhoso, você pode escolher um dos três sistemas de disposição descritos a seguir:

   a) O JOGO DO RELACIONAMENTO (página 51) para perguntas   sobre um relacionamento.
   b) O JOGO DA DECISÃO (página 55) para todas as perguntas sobre uma decisão a ser tomada.
   c) A CRUZ CELTA (página 59) para todos os outros tipos de perguntas restantes.

3. Embaralhe todas as 78 cartas do Tarô e espalhe-as em forma de leque à sua frente, com as figuras voltadas para a superfície da mesa.

4. Olhe, na descrição do sistema de disposição escolhido, quantas cartas serão necessárias para esse método.

5. Retire tranquilamente as cartas do leque à sua frente com a mão esquerda sem se concentrar ou pensar em algo específico enquanto faz isso. Coloque as cartas retiradas uma a uma em um monte à sua frente, ainda sem virá-las.

6. Vire agora uma carta após a outra na sequência em que elas foram escolhidas (ou seja, primeiramente a carta que se encontra por debaixo do monte) e as posicione de acordo com a sequência numérica que é mostrada na descrição do sistema de disposição escolhido.

7. Leia na parte da interpretação de cada carta as palavras-chave para o âmbito correspondente à sua pergunta e tente fazer uma conexão lógica dessas palavras com o significado da posição na qual cada carta se encontra.

8. Combine as afirmações individuais entre si para formar uma mensagem completa.

9. Calcule a quintessênc.6).

Como a pergunta deve ser formulada?

Quanto à forma:

Você pode fazer a pergunta em voz alta ou baixa, repeti-la várias vezes ou simplesmente escrevê-la. Faça como você preferir. Nenhum método é melhor do que os outros. O importante é você saber exatamente o que perguntou e, após fazer a pergunta, não se concentrar mais nela, tirar as cartas com toda calma e tranquilidade, colocá-las nos seus devidos lugares e interpretá-las.

Quanto ao conteúdo:

Formule a pergunta assim como ela lhe vier a cabeça. O que importa não é sair-se bem na formulação da pergunta, mas sim que fique claro para você o que quer saber. Por isso, você pode simplesmente perguntar: "Como anda isso ou aquilo, ou o que acontecerá a seguir". Não faça nenhuma pergunta que só possa ser respondida com "sim" ou "não". As cartas podem perfeitamente ajudar em situações em que uma decisão precise ser tomada, mas não podem tomar a decisão por você. Pergunte, em vez disso: "O que acontecerá se eu fizer tal coisa e o que acontecerá se eu não a fizer?" O Jogo da Decisão mostrará, então, as consequências correspondentes e assim o ajudará a tomar uma decisão.

Não pergunte sobre diversas alternativas ao mesmo tempo, como, por exemplo: "Devo me mudar para Nova York ou para Paris?"; em vez disso, pergunte: "O que acontecerá se eu for para Nova York?"[28] e a seguir: "O que acontecerá se eu for para Paris?" Porque, se em ambos os casos as perspectivas forem nebulosas, mas as cartas, contudo, indicarem uma alternativa favorável, pode ser que essa alternativa seja Lisboa. Por meio da formulação original da pergunta você não teria sido alertado para isso, somente teria chegado à conclusão de que o seu plano, de uma forma ou de outra, seria problemático.

Tampouco você deve misturar assuntos diferentes em uma mesma pergunta, como, por exemplo: "Como se desenrolarão minhas férias; eu irei me apaixonar durante a viagem?" Pergunte, em vez disso, como serão as férias, utilizando o sistema de disposição "A Cruz Celta", e use "O Caminho" para saber o que você pode fazer para se apaixonar outra vez.

---

28. De acordo com o esquema de respostas do Jogo da Decisão, a pergunta a ser feita aqui deveria ser: "O que acontecerá se eu for para Nova York e o que acontecerá se eu não o fizer?" Mas essa formulação mais simples pode ser utilizada quando a resposta, a depender das alternativas correspondentes, for compreensível.

Resumo dos sistemas de disposição conforme o tema e o grau de dificuldade[29]

Sistema de disposição	Tema	Grau de dificuldade
Prós e Contras	Ajuda rápida para uma tomada de decisão	1
A Carta do Dia	A tendência para o dia	0
A Carta do Ano	A temática do ano vindouro	0
O Ankh	Causas, motivações e tendências de uma temática	4
O Círculo Astrológico	Descrição abrangente do momento presente e perspectivas das tendências futuras	4
O Jogo do Relacionamento	Situação do relacionamento entre duas pessoas	2
O Ponto Cego	Autoconhecimento	3
O Jogo da Decisão	Duas possíveis tendências, auxílio em uma tomada de decisão	2
O Segredo da Alta Sacerdotisa	Evolução de um assunto e o seu significado oculto	3
A Cruz Celta	Tendências. Adequado para qualquer pergunta	2
A Cruz	Avaliação de uma situação. Sugestões e tendências no decorrer dos acontecimentos	1
O Próximo Passo	O que deve ser feito a seguir	1
O Jogo do Louco	O estágio atual e as perspectivas no decorrer de um longo processo	4
O Jogo dos Parceiros	Como é a relação entre os parceiros	1
O Jogo do Plano	Sugestão sobre a forma de alcançar um objetivo	1
A Porta	Descrição simbólica de um limiar diante do qual nos encontramos	4
O Caminho	A melhor maneira de proceder para alcançar um objetivo	3

29. O zero é o nível mais fácil, e o 4 o mais difícil.

Embaralhar, tirar e dispor as cartas

Depois de ter feito a pergunta e decidido por um sistema de disposição, prossiga como descrito a seguir:

1. Embaralhe as cartas. Você não tem de levar em consideração nenhuma regra em especial para fazê-lo. Embaralhe-as durante o tempo e a forma que você preferir.

2. Espalhe-as em forma de leque à sua frente com as figuras voltadas para a superfície da mesa.

3. Com a mão esquerda, retire do leque a quantidade de cartas necessária para o sistema de disposição escolhido e coloque-as uma em cima da outra em um monte, ainda voltadas para baixo.

4. Coloque as cartas restantes de lado.

5. Vire-as agora, uma após a outra, na sequência em que foram escolhidas (ou seja, em primeiro lugar a carta que se encontra por debaixo do monte), e posicione-as de acordo com o modelo mostrado na descrição do respectivo sistema de disposição.

A INTERPRETAÇÃO

Análise individual das cartas

A interpretação consiste, primeiramente, em fazer uma conexão entre o significado específico de cada carta e o significado da posição na qual ela se encontra. Você pode encontrar o significado de cada posição na descrição do sistema de disposição respectivo. A mensagem de cada carta nos diferentes níveis de significado pode ser encontrada na parte das interpretações. Procure lá a palavra-chave que corresponde à sua pergunta e tente conectá-la ao significado da posição na qual a carta se encontra de uma maneira que faça sentido.

É inteiramente normal que, à primeira vista, as afirmações individuais das primeiras cartas pareçam meio truncadas, pouco informativas ou incompreensíveis. Não se deixe perturbar por isso, continue simplesmente com a próxima. Geralmente, no final, mesmo os significados das cartas que estavam mais difíceis de compreender se tornam claros.

Em alguns sistemas de disposição, é conveniente interpretar as cartas em uma sequência diferente daquela de quando elas foram viradas para cima. Você pode encontrar sugestões a esse respeito na rubrica "procedimento de interpretação", nos respectivos sistemas de disposição.

Síntese

Ao final de cada interpretação, deve ser feita uma síntese. Para isso, conecte as afirmações individuais formando uma mensagem completa. Não é necessário eliminar todas as discrepâncias. As nossas vidas, e com isso também as cartas, são, com frequência, bastante contraditórias. A interpretação só não deve permanecer como uma obra inacabada, mas sim ser resumida em uma mensagem final. Deixe que cada elemento amadureça dentro de você, transformando-se em partes de uma história completa.

Cartas invertidas

Alguns especialistas atribuem um significado diferente às cartas que, ao serem viradas, encontram-se invertidas, ou seja, de cabeça para baixo. Outros simplesmente as viram de cabeça para cima, ou seja, para a posição certa. Os dois procedimentos estão corretos e dependem unicamente, como muitas outras coisas no Tarô, das "regras do jogo" que o intérprete tenha combinado consigo mesmo antes de começá-lo. Experimente você mesmo essa variação. Porém, decida sempre, antes de tirar a primeira carta, se, ao surgir uma carta de cabeça para baixo, você atribuirá a ela um significado especial ou simplesmente a virará para a posição correta. Caso queira levar em consideração o fato de a carta estar invertida, você deve sempre embaralhar as cartas espalhando-as sobre a superfície da mesa ou do chão, para que elas realmente tenham uma chance de se virar como esperado. Como nós mesmos sempre viramos as cartas invertidas para a posição certa, você não encontrará neste livro nenhum texto de interpretação para cartas invertidas. Porém, você pode procurar o seu significado em uma variante problemática, exagerada ou dificultada do significado original da carta.

A quintessência

Ao final de cada consulta, o Tarô oferece uma indicação complementar de como o consulente deve lidar com o conselho das cartas e o que deve ser especialmente levado em consideração ao se proceder a seguir. Calcule essa quintessência adicionando o valor numérico das cartas de um jogo. Para isso, as cartas da Corte valem 0, os Ases valem 1 e as outras cartas restantes valem o número que está escrito nelas.

Se o resultado for um número de um só algarismo, procure a carta correspondente nos Arcanos Maiores. Ela indica como se deve proceder com relação à questão. Se o resultado da adição dos números das cartas for um número com mais de um algarismo, então some esses algarismos quantas vezes for preciso, até obter um número de um só algarismo.[30] Quando o resultado da soma for um número de dois algarismos entre 10 e 22, a carta dos Arcanos Maiores correspondente é uma informação adicional para o consulente. Esse número de 10 a 22 pode ser considerado também uma condição necessária para se chegar ao verdadeiro tema da quintessência, que sempre será uma carta de apenas um algarismo. O significado da quintessência pode ser encontrado no resumo seguinte:

---

30. Essa soma é o resultado da adição de cada algarismo de um número. A soma de 365 seria, por exemplo, 3+6+5=14, e a nova adição seria 1+4=5.

A quintessência		
NÚMERO	CARTA	CONSELHO
1	O Mago	Tome a iniciativa. Tenha uma atitude ativa. Enfrente a sua tarefa com habilidade.
2	A Alta Sacerdotisa	Coloque-se à disposição. Deixe-se conduzir. Tenha confiança, que a sua voz interior dirá o que você deverá fazer, assim como também, quando e onde.
3	A Imperatriz	Você está pisando em um terreno fértil. Tenha confiança na força vital. Deixe que o assunto se desenvolva dentro de você.
4	O Imperador	Encare a situação com sobriedade e realismo. Coloque as coisas em ordem e preste atenção para não perder o fio da meada. Realize os seus propósitos com coerência e com uma perseverança maleável.
5	O Hierofante	Não se prenda a formas externas ou que já estejam mortas. Busque o sentido oculto das coisas. Deixe-se conduzir por uma profunda confiança na fé.
6	Os Amantes	Tome uma decisão com todo o coração. Aja afetuosamente e dê atenção aos pontos em comum e aos aspectos unificadores.
7	A Carruagem	Concentre-se no seu objetivo e ponha-se imediatamente a caminho.
8	Ajustamento	Pondere a situação com inteligência. Tome uma decisão racional e bem pensada. Tenha consciência de que você é responsável por tudo, daqui por diante.
9	O Eremita	Recolha-se dentro de si para descobrir o que você realmente quer. Não se deixe influenciar por ninguém. Reúna suas forças antes de arriscar a dar um passo na direção do novo.
10/1	Fortuna / O Mago	Reconheça no tema da pergunta uma parte da sua missão na vida, e que é chegada a hora de se dedicar a essa questão (**Fortuna**). Você tem agora força e habilidade necessárias para enfrentar a tarefa relacionada à pergunta (**O Mago**).

A quintessência		
Número	Carta	Conselho
11/2	Volúpia / A Alta Sacerdotisa	Demonstre o seu prazer e aproxime-se desse assunto com paixão (**Volúpia**), em plena confiança de ser guiado por sua voz interior no momento decisivo (**A Alta Sacerdotisa**).
12/3	O Pendurado / A Imperatriz	A questão está emperrada e, somente depois de uma fundamental inversão e reavaliação (**O Pendurado**), florescerá e crescerá intensamente (**A Imperatriz**).
13/4	A Morte / O Imperador	Uma velha estrutura precisa ser encerrada (**A Morte**) para que uma nova possa surgir (**O Imperador**).
14/5	Arte / O Hierofante	Procure encontrar a mistura certa. Tente, apesar de toda tensão, combinar os opostos. Aprofunde-se na questão (**Arte**) e então você compreenderá o sentido do todo (**O Hierofante**).
15/6	O Diabo / Os Amantes	Reconheça as suas motivações ocultas. Ilumine a escuridão. Liberte-se de dependências (**O Diabo**) para poder seguir o caminho da decisão livre tomada com todo o coração (**Os Amantes**).
16/7	A Torre / A Carruagem	Saia do aperto. Rompa com as velhas amarras. Subjugue aquilo que o mantém preso (**A Torre**) e arrisque um novo começo (**A Carruagem**).
17/8	A Estrela / Ajustamento	Observe a situação a partir de uma posição mais elevada. Tome consciência das perspectivas favoráveis e do alcance dos seus propósitos (**A Estrela**). Tome uma decisão inteligente, pois a responsabilidade sobre o decorrer do assunto está inteiramente em suas mãos (**Ajustamento**).

A quintessência		
Número	Carta	Conselho
18/9	A Lua / O Eremita	Siga o caminho do medo cautelosa, porém determinadamente. Busque a luz no fim do túnel (**A Lua**). Enquanto isso, não se deixe influenciar nem irritar por ninguém; pelo contrário, mantenha-se fiel a si mesmo (**O Eremita**).
19/20/1	O Sol / Fortuna / O Mago	Aproxime-se do assunto despreocupadamente e com otimismo (**O Sol**). Agora é a hora de se dedicar a essa questão (**Fortuna**). Você tem força e habilidade necessárias para executar essa tarefa com maestria (**O Mago**).
20/2	O Aeon / A Alta Sacerdotisa	Aposte no novo e em um futuro distante (**O Aeon**). Confie na sua voz interior, que o guiará com segurança (**A Alta Sacerdotisa**).
21/3	O Universo / A Imperatriz	Reconheça que aqui você se encontra em casa. Conquiste o seu lugar neste mundo (**O Universo**). Você verá com que vivacidade tudo se desenvolverá, como a questão crescerá e prosperará (**A Imperatriz**).
22/4	O Louco[31] / O Imperador	A situação precisa primeiramente se tornar bem caótica (**O Louco**), antes que uma nova estrutura possa se desenvolver (**O Imperador**).

---

31. Como 22ª carta dos Arcanos Maiores, O Louco representa essa quintessência, mesmo que a carta tenha o algarismo 0.

Métodos de disposição

Consultas simples

A maneira mais fácil de se fazer uma consulta ao Tarô consiste em tirar uma carta tendo em mente um determinado tema. Em razão do vasto espectro de interpretações, a mensagem de uma única carta pode deixar, sem dúvida, a desejar e não ser tão clara ou evidente. Se, em vez disso, forem tiradas duas cartas, sendo que uma ilustra as possibilidades positivas, enquanto a outra indica os aspectos problemáticos, a diferença entre as duas pode fornecer, em muitos casos, uma imagem muito mais precisa. Este livro oferece muitos textos de interpretação que podem ser utilizados justamente com esse propósito e serem de grande ajuda.

Prós e Contras

Se você estiver buscando uma opinião rápida do oráculo, tire simplesmente duas cartas, das quais a primeira mostrará as possibilidades e chances, enquanto que a segunda alertará sobre os riscos e perigos. Para interpretá-las, você pode utilizar a rubrica ENCORAJA A para a primeira carta e, para a segunda carta, a rubrica ALERTA SOBRE. Uma comparação entre as duas cartas indicará quão favoráveis estão as suas chances e a dimensão dos riscos vinculados ao assunto, ou seja, se existem mais coisas a favor ou contra o seu propósito.

A Carta do Dia

Uma bela forma de familiarizar-se com as cartas e vivenciar o seu significado em experiências cotidianas consiste em tirar uma carta todo dia pela manhã. O seu significado pode estar em uma experiência evidente, que pode estar descrita na rubrica CARTA DO DIA, ou também nas pequenas coisas, em fenômenos sutis, que talvez nos passassem despercebidos. Quando a CARTA DO DIA nos chama a atenção para essas coisas "secundárias", é porque elas são significativas sob o ponto de vista do inconsciente. Atentar a esses detalhes, e quem sabe até vivenciar como eles começam a interligar-se uns aos outros, formando uma experiência significativa, pode ser extremamente enriquecedor. Mesmo que as sugestões de interpretação feitas aqui não possam, obviamente, descrever também esse nível sutil de interpretação das CARTAS DO DIA, elas podem, porém, dar algumas pistas de como também chegar a esses significados ocultos.

A Carta do Ano

Além do seu significado como CARTAS DO DIA, as 22 cartas dos Arcanos Maiores foram também interpretadas como CARTAS DO ANO. Existem várias maneiras de calcular essas cartas. Pode-se determiná-las somando o dia e o mês do aniversário com o ano corrente, obtendo-se um número de quatro algarismos. Depois, deve-se somar cada um dos algarismos. Se alguém nasceu no dia 8 de fevereiro, a carta do ano de 1998 será calculada da seguinte forma: 8+2=10+1998=2008. Depois, somam-se 2+0+0+8 e obtém-se 10 como resultado. A carta 10 dos Arcanos Maiores, ou seja, FORTUNA, é então a CARTA DO ANO para todas as pessoas que fazem aniversário no dia 8 de fevereiro e vale de 8/2/1998 até 7/2/1999. Se o número obtido for maior que 22, devem-se somar outra vez os seus algarismos para se obter um número entre 1 e 22.

Contudo, como o Tarô é um oráculo baseado no acaso, simplesmente tirar uma carta para representar a CARTA DO ANO, em vez de calculá-la, corresponde muito mais a sua natureza. Isso pode ser feito no Ano-Novo para o ano que entrará, ou no dia do aniversário da pessoa para o ano individual. Em ambos os casos, deve-se tirar sempre essa carta dentre as 22 cartas dos Arcanos Maiores, que para isso devem ser separadas das outras, pois somente as cartas dos Arcanos Maiores possuem uma profundidade de conteúdo que faz jus a ser considerado um tema anual.

SISTEMAS DETALHADOS DE DISPOSIÇÃO

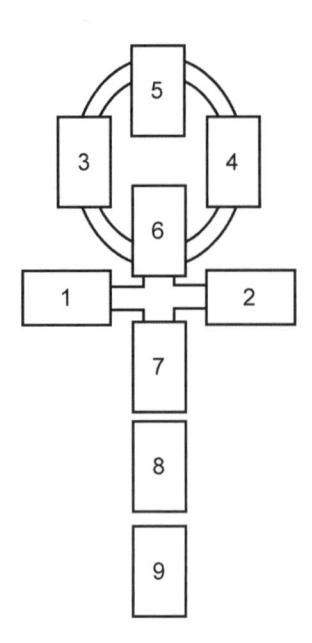

O ANKH*

Tema	Causas, motivações e perspectivas
Grau de dificuldade	4
Cartas a serem tiradas	9
Perguntas típicas	Qual é a causa da minha crise (doença, problemas, etc.) e quais são as minhas perspectivas?
Singularidade	O melhor sistema de disposição para explorar os aspectos desconhecidos de uma situação.

Esse sistema de disposição baseia-se em um símbolo do antigo Egito, o "Ankh" — "o sinal da vida", que também é chamado de "Cruz Alada". Ele compõe-se de um círculo e de uma cruz. De acordo com o significado do círculo, as cartas que se encontram nele dão uma resposta sobre o contexto espiritual e as causas que se encontram em um plano profundo, enquanto as cartas que se encontram na cruz indicam como o problema se expressa no plano da realidade, quais passos podem ser dados concretamente e com quais perspectivas se deve contar.

*N.E.: Ou Cruz Ansata, uma cruz com alça muito encontrada nos templos do Egito Antigo.

O SIGNIFICADO DE CADA POSIÇÃO:

1+2= dois impulsos, energias ou posturas que se bloqueiam, entre os quais o consulente se sente dividido[32]

3 = causas anteriores

4 = causa que provocou a situação

5 = conscientização elevada

6 = consequência necessária

Pressupondo que a conscientização (5) ocorra, e a consequência seja assumida, seguem-se as próximas três cartas:

7 = o próximo passo

8 = experiências surpreendentes

9 = o resultado

PROCEDIMENTO DE INTERPRETAÇÃO:

Primeiramente, você deve descobrir o conflito ou a contradição existente entre as cartas 1 e 2. Nisso consiste a maior dificuldade desse sistema de disposição. Principalmente quando ambas as cartas representam temas agradáveis, não é fácil reconhecer onde o problema se encontra. Porém, sem essa compreensão, a interpretação torna-se insatisfatória. Em seguida, você deve interpretar as cartas 3 e 4, das quais a primeira, com frequência, só pode ser compreendida vagamente. A ênfase da interpretação deve recair sobre as cartas 5 e 6, porque somente os passos associados a elas tornam possível uma solução. Você pode utilizar para a carta na posição 5 as palavras-chave que se encontram na rubrica PLANO DA CONSCIÊNCIA e, para a carta na posição 6, o texto ENCORAJA A. Examine, por fim, as cartas nas posições 7 a 9, que indicam as perspectivas futuras.

---

32. Isso vale, obviamente, somente quando esse sistema de disposição for utilizado para perguntas sobre uma crise. Se, por outro lado, a pergunta for sobre a causa de uma experiência agradável, essas duas cartas mostram aspectos que se complementam harmoniosamente.

O CÍRCULO ASTROLÓGICO

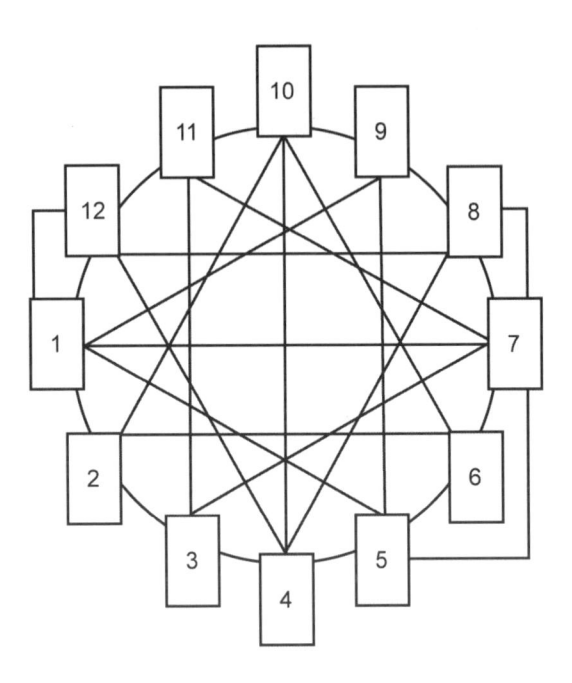

Tema	Descrição abrangente do momento presente e perspectivas das tendências futuras
Grau de dificuldade	4
Cartas a serem tiradas	12
Perguntas típicas	Onde me encontro no momento? Quais serão as principais experiências e acontecimentos para mim no próximo mês ou no ano X? (Sem um limite específico de tempo, as cartas refletem o presente e um futuro próximo).
Singularidade	O sistema de disposição que abrange todas as áreas da vida.

Sistemas detalhados de disposição

O CÍRCULO ASTROLÓGICO é o sistema de disposição que se ajusta, mais do que qualquer outro, para se fazer perguntas abrangentes ao Tarô. Ele fornece informações sobre 12 áreas da vida. Dessa forma, esse esquema de disposição é um bom começo para uma consulta mais detalhada. As áreas que forem acentuadas por cartas importantes podem ser, em seguida, investigadas mais profundamente por outros métodos de disposição.

O SIGNIFICADO DE CADA POSIÇÃO:[33]

1 = o estado de espírito do momento:
Esse estado de espírito é importante, pois determinará a forma pela qual as cartas nas outras posições serão percebidas.

2 = finanças:
Segurança. A forma de lidar com dinheiro. Ganhos e gastos.

3 = experiências no dia a dia:
Assuntos que dizem respeito ao setor com o qual ocupamos mais tempo em nossas vidas.

4 = o lar:
O ambiente no qual nós nos sentimos protegidos e enraizados. O aconchego que almejamos, quando sentimos que o mundo exterior se torna ameaçador demais.

5 = tudo o que dá prazer:
Jogos, brincadeiras e diversões de todos os tipos. Brincadeiras com crianças, jogos envolvendo dinheiro. Os jogos amorosos (que são analisados mais profundamente na posição 7) e os passatempos.

6 = o trabalho:
A sua atividade atual, o tipo e o método de trabalho, a rotina de trabalho e o seu conteúdo.

7 = relações amorosas:
O relacionamento, o casamento, o vínculo amoroso duradouro.

8 = aspectos ocultos:
Todos os tabus e transgressões de tabus. Em especial a sexualidade, mas também as experiências com o oculto.[34]

9 = conscientizações profundas:
Ampliação dos seus próprios horizontes por meio de viagens, tanto interiores quanto exteriores. Convicções, conscientizações, crenças religiosas e os princípios e bons propósitos que resultam destes.

---

33. Os temas das 12 posições correspondem ao amplo espectro de significados das 12 casas astrológicas. Você pode atribuir, naturalmente, um outro significado a cada posição, desde que o faça antes de começar a consulta, ou seja, antes de tirar a primeira carta.
34. Se essa interpretação lhe parecer pouco palpável ou íntima demais, você pode definir para essa posição o seguinte significado: "crises e as formas de superá-las".

10 = reconhecimento público:
Especialmente o sucesso e o futuro profissional.

11 = os amigos:
Amizades, ideais de amizades, experiências em grupo e hospitalidade.

12 = as esperanças e os medos secretos:
Desejos e temores, que podem se referir a uma ou mais casas do círculo.

PROCEDIMENTO DE INTERPRETAÇÃO:

Para compreender a mensagem integral, interprete primeiramente cada carta na sua respectiva posição no círculo. Nessa primeira rodada, algumas mensagens podem parecer vagas ou difusas. Em seguida, observe possíveis relações entre as posições mostradas a seguir, o que lhe possibilitará uma interpretação mais completa.

OS EIXOS PRINCIPAIS:

Posição 1 e 7 =   a temática do eu/você.

Posição 4 e 10 =   o "de onde" e o "para onde".

Os elementos das casas (que também são chamados de trítonos):

Posição 1, 5 e 9 = o trítono do fogo revela, frequentemente, algo sobre o temperamento e desenvolvimento pessoal.

Posição 2, 6 e 10 = o trítono da terra corresponde ao mundo do dinheiro e do trabalho.

Posição 3 e 7 e 11 = o trítono do ar reflete o plano dos pensamentos, das ideias, dos contatos e das conversas.

Posição 4, 8 e 12 = o trítono da água representa os sentimentos e a intuição, os desejos e os estados de espírito.

Essa primeira análise geral não precisa necessariamente conduzir a uma mensagem integral em todas as áreas. É possível que a observação individual de cada área não leve a nenhuma conexão compreensível com o todo. Acontecendo isso, não se prenda e passe para a próxima etapa.

RELAÇÕES ADICIONAIS:

Com frequência, podemos reconhecer uma conexão temática entre as cartas nas posições 5 (flertes, casos amorosos e relacionamentos sem compromisso), 7 (relacionamento, casamento) e 8 (sexualidade). Muitas vezes, as esperanças e os medos da posição 12 são explicáveis pelo estado de espírito da carta na posição 1.

Para concluir a interpretação, compare as mensagens isoladas, formando um quadro global, e calcule no final a quintessência.

O JOGO DO RELACIONAMENTO

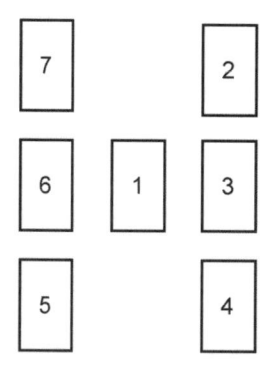

```
[7]      [2]

[6] [1]  [3]

[5]      [4]
```

Tema	Situação do relacionamento entre duas pessoas
Grau de dificuldade	2
Cartas a serem tiradas	7
Perguntas típicas	Como está o meu relacionamento com a pessoa X?
Singularidade	O melhor sistema de disposição para elucidar a relação entre duas pessoas.

Esse sistema de disposição é usado normalmente para perguntar sobre a situação de um relacionamento amoroso. Mas é possível utilizá-lo para esclarecer qualquer relacionamento entre duas pessoas, seja ele profissional, familiar, entre vizinhos, etc.

O SIGNIFICADO DE CADA POSIÇÃO:

1 = o indicador mostra a situação em que o relacionamento se encontra, o tema que rege o relacionamento.

A coluna da esquerda (7, 6, 5) representa o(a) consulente, e a coluna da direita (2, 3, 4) representa o(a) seu(sua) parceiro(a).

7+2 = as duas cartas de cima mostram o plano consciente, no qual os parceiros interagem. Ali, pode-se ver o que cada parceiro pensa e como cada um deles avalia conscientemente o relacionamento.

6+3 = as duas cartas do meio representam o aspecto emocional do relacionamento. Elas indicam o que cada um traz no coração, o que sente, o que anseia e o que teme.

5+4 = as cartas de baixo representam a forma como cada qual se apresenta, o posicionamento exteriorizado. Essa é possivelmente uma "fachada" externa, que é independente dos pensamentos (cartas de cima) e dos sentimentos (cartas do meio) que se encontram por trás.

PROCEDIMENTO DE INTERPRETAÇÃO:

A carta na posição 1 determina a característica predominante no relacionamento no momento. Interprete a seguir cada coluna, isto é, como cada pessoa relaciona-se com a outra nos planos respectivos. Para concluir, procure avaliar a dinâmica do relacionamento: a aproximação é feita por ambos ou um deles toma mais a iniciativa? Ou os dois aguardam que o outro dê o primeiro passo?

PARTICULARIDADE:

Como as CARTAS DA CORTE podem representar pessoas, elas têm, nesse sistema de disposição, particularmente um papel especial. Tratando-se de uma carta do mesmo sexo do(a) consulente, ela representa geralmente a autoimagem da pessoa no plano em que a carta se encontra.

Por outro lado, quando aparece uma RAINHA ou PRINCESA na coluna de homem, ou um REI ou PRÍNCIPE na coluna de uma mulher, essas cartas do sexo oposto podem ter dois significados: elas indicam que a pessoa está pensando em alguém com essas características (posição 7 ou 2), carrega essa pessoa no coração (posição 6 ou 3) ou namora/vive com ela (posição 5 ou 4); ou elas ilustram a imagem de parceiro ideal que a pessoa traz dentro de si.

O PONTO CEGO

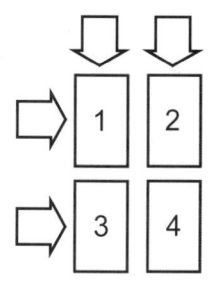

Tema	Autoconhecimento
Grau de dificuldade	3
Cartas a serem tiradas	4
Perguntas típicas	Qual a minha situação atual? Quem sou eu?
Singularidade	O método mais fácil entre os difíceis sistemas de disposição para o autoconhecimento.

Esse método de disposição é derivado de um esquema conhecido na Psicologia como a "janela de Johari".[35] Ele indica quatro aspectos da personalidade e dá-nos informações sobre como a percepção que temos de nós diverge da forma como os outros nos veem.*

O SIGNIFICADO DE CADA POSIÇÃO:

1 = identidade inequívoca:
No âmbito dos temas dessa carta, percebemos a nós mesmos da mesma forma como os outros nos veem.

---

35. J. Luft, *Einführung in die Gruppendynamik*, Stuttgart 1971 [*Introdução à dinâmica de grupo*, publicado por Martins Fontes, São Paulo, 1968].
*N.T.: Se você conhece esse esquema de disposição por meio de outros livros deste autor, vai perceber que houve uma modificação na posição das cartas. Essa alteração foi feita a partir de 2001 e desse ano em diante aparece em todos os seus livros. Na tradução deste livro em português, o autor preferiu que constasse esta alteração, o que, contudo, não afeta a mensagem das cartas.

2 = o Ponto Cego:
Comportamentos que as outras pessoas percebem em nós, sem que nós mesmos, pelo menos não com a mesma intensidade que os outros, percebamos.

3 = a sombra, o que está oculto:
Partes da nossa personalidade que nós mesmos conhecemos, mas que escondemos dos outros por alguma razão.

4 = a grande incógnita:
Processos ou forças motrizes inconscientes, que atuam sem que nós mesmos ou os outros tenhamos consciência disso.

PROCEDIMENTO DE INTERPRETAÇÃO:

Comece com a carta na posição 1, que é a mais fácil de se compreender. Tente então descobrir qual é a incógnita ilustrada pela carta na posição 4. Na compreensão do significado dessa carta, encontra-se geralmente o real valor dessa consulta, visto que forças inconscientes são extremamente eficazes. Contudo, elas são, na maioria das vezes, vivenciadas de uma forma passiva ou sofrida, enquanto nós não sabemos nada sobre elas. Quando se tratar de uma carta com uma temática difícil, a conscientização torna-se um ganho, pois por meio dela será possível lidar com essa disposição de uma forma mais bem pensada, refletida e talvez até positiva. Tratando-se de uma carta com uma qualidade valorosa, é naturalmente enriquecedor também tornar-se consciente de sua existência.

As duas cartas restantes têm ainda um significado adicional interessante: a posição 3 reflete também a autoavaliação do consulente, e a posição 2, a avaliação que os outros fazem do consulente. Quando essas duas afirmações se encontram muito distantes uma da outra, quando a autoavaliação se diferencia essencialmente da percepção de terceiros, aí se encontra uma advertência: pois quando os outros nos percebem de uma forma muito diferente da nossa própria percepção, é então provável que nós tenhamos uma falsa imagem de nós mesmos.

Geralmente os sistemas de disposição para o autoconhecimento não são fáceis de se compreender logo à primeira vista. Por isso, é aconselhável deixar as cartas por um tempo em um lugar visível para que se possa vê-las algumas vezes novamente. É justamente quando não se está observando as cartas com total atenção que as imagens podem nos despertar associações que, de repente, nos fazem compreender a mensagem.

O JOGO DA DECISÃO

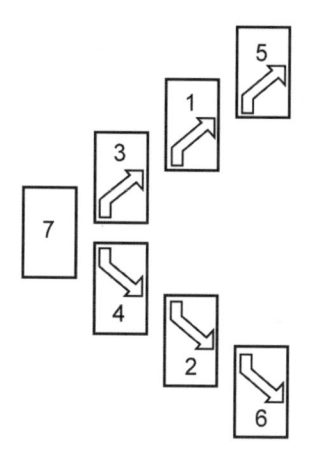

Tema	Duas possíveis tendências, auxílio em uma tomada de decisão
Grau de dificuldade	2
Cartas a serem tiradas	7
Perguntas típicas	Como devo me decidir? O que acontecerá se eu fizer X, e o que acontecerá se eu não fizer X?
Singularidade	A forma de disposição, que deixa claro que o consulente sempre possui várias possibilidades e que não está preso exclusivamente a uma tendência.

O Tarô não pode tomar a decisão por nós, mas sim apenas esclarecer a extensão dos temas relacionados com a pergunta. Sendo assim, o JOGO DA DECISÃO apresentado aqui não é apropriado para perguntas que só podem ser respondidas com um "sim" ou um "não". Ele indica apenas dois caminhos possíveis e deixa que o consulente se decida por um deles. Nesse método de disposição, pode-se ver mais claramente do que em outros que o Tarô não prende ninguém a uma tendência. Pelo contrário, o consulente constrói o seu futuro quando ele decide, por meio da sua escolha, qual caminho tomará.

O SIGNIFICADO DE CADA POSIÇÃO:

7 = o indicador: é uma representação figurativa do contexto da pergunta, do problema ou também do posicionamento do consulente com relação à decisão.

3, 1, 5 = essas cartas mostram, nessa ordem cronologicamente, o que acontecerá se você fizer X.

4, 2, 6 = essas cartas mostram, nessa ordem cronologicamente, o que acontecerá se você não fizer X.

PROCEDIMENTO DE INTERPRETAÇÃO:

Não se deixe irritar pela sequência estranha com a qual as cartas são dispostas. Ela tem relação com a origem desse método de disposição, mas não tem influência na forma de interpretar as cartas. Comece com a posição 7, que pode indicar-lhe o que a pergunta significa, o que o conduziu à pergunta, o que se deve observar no momento da decisão ou como a decisão deve ser tomada. Interprete então as cartas da parte de cima individualmente, uma após a outra (quer dizer 3, 1 e 5), e depois as da parte de baixo (4, 2 e 6). Ao final, tente ponderar qual dos dois caminhos é o mais vantajoso. Mantenha em mente que as primeiras cartas (3 e 4) indicam como o processo começa; as cartas seguintes (1 e 2), como ele se desenvolve; e as cartas (5 e 6), onde ele vai chegar. Dessa forma, as cartas 5 e 6 são as mais importantes, pois elas mostram as perspectivas a longo prazo.

PARTICULARIDADE:

Nesse método de disposição, existem as chamadas "cartas sinalizadoras", que indicam a qual das alternativas o Tarô dá preferência. Se uma das cartas abaixo estiver em um dos caminhos, isso significa uma clara recomendação para seguir nessa direção. Se essas cartas aparecerem em ambos os caminhos, deve-se examinar se ambos não podem ser seguidos simultaneamente, ou pelo menos um após o outro. Essas cartas não têm nenhum significado especial quando aparecem na posição 7.

    1. OS AMANTES (VI) significa que a decisão já foi tomada a favor do caminho no qual essa carta se encontra.
    2. A carta FORTUNA (X) indica que o consulente não tem livre escolha e deve, pelo menos no início, seguir o caminho no qual essa carta se encontra.
    3. A ESTRELA (XVII) mostra o caminho do futuro.
    4. O AEON (XX) também.
    5. O UNIVERSO (XXI) representa o lugar certo e verdadeiro, ao qual o consulente pertence.

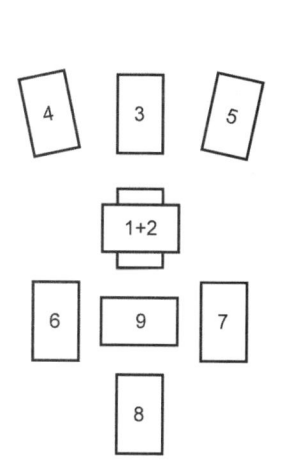

O SEGREDO DA ALTA SACERDOTISA

Tema	Evolução de um assunto e o seu significado oculto
Grau de dificuldade	3
Cartas a serem tiradas	9
Perguntas típicas	Como se desenvolverão os meus planos? O que acontecerá a seguir (profissionalmente, etc.)?
Singularidade	Uma possível resposta, que revelará o sentido oculto de uma situação.

Esse sistema de disposição é um "convidado especial" do Tarô de Rider. Ele foi originado com base na carta A ALTA SACERDOTISA como ela é representada no Tarô de Rider. O atrativo especial dessa forma de disposição é que ela mostra não só os desdobramentos esperados, mas revela, possivelmente também, um segredo, a resposta à pergunta em segundo plano: "Por quê?" A tríplice Deusa da Lua expressa-se por meio de 9 cartas. As cartas são dispostas de acordo com os símbolos principais que a cercam na carta do Tarô de Rider.

O SIGNIFICADO DE CADA POSIÇÃO:

    1+2 = a cruz no seu peito indica o assunto em questão, em forma de dois impulsos principais que se podem reforçar ou atrapalhar mutuamente.

As cartas 4, 3 e 5 correspondem às três fases da lua* em sua coroa e mostram as forças que influem sobre o assunto:

3 = a lua cheia representa a influência principal no momento.

4 = a lua minguante é a influência que está perdendo força.

5 = a lua crescente é a influência que está ganhando força.

As duas colunas, uma de cada lado da Sacerdotisa, representam:

6 = o que está nas sombras. Aquilo que existe, mas que (ainda) não foi percebido conscientemente, porém talvez já tenha sido pressentido ou temido. Uma força impulsionadora inconsciente.

7 = aquilo que está à luz do dia, o que é claramente percebido, esperado e normalmente também apreciado.

A barca da lua aos seus pés indica:

8 = para onde essa viagem vai, o que virá a seguir.

A nona carta, o Livro da Sabedoria Secreta no colo da Sacerdotisa, é inicialmente colocada com a imagem voltada para baixo. Somente depois de todas as outras cartas terem sido interpretadas é que ela é revelada. Se ela for uma carta dos Arcanos Maiores, a Alta Sacerdotisa revela assim um segredo, e a carta é deixada com a face para cima. Ela representa então as motivações profundas por trás do assunto da pergunta. O "porquê" e o "para quê" do desenrolar da questão. Caso a carta seja dos Arcanos Menores, ela volta a ser colocada com a face voltada para baixo. Nesse caso, a Alta Sacerdotisa guardou o seu segredo para si mesma. A nona carta fica sem significado e não é utilizada para o cálculo da quintessência.

Procedimento de interpretação:

Comece com os dois impulsos principais nas posições 1 e 2. Observe até que ponto eles se complementam, fortalecem, prejudicam ou bloqueiam um ao outro. A posição 1 indica o primeiro impulso, enquanto que a temática adicional é representada pela posição 2. Interprete então cronologicamente as influências na sequência 4, 3 e 5. Avalie depois a postura consciente ou a expectativa (7), antes de interpretar o lado inconsciente (6). Mantenha em mente que aqui se trata de uma força impulsionadora interior, que muitas vezes atua com mais força do que a atitude consciente. A seguir, interprete a carta das perspectivas (8) e depois faça uma síntese das perspectivas futuras, que resultam das cartas 5 (influências futuras), 6 (ainda inconscientes, mas que mais tarde se tornarão conscientes) e 8 (perspectivas seguintes). Vire, somente agora, a carta na posição 9 e tente compreender o seu significado, caso trate-se de uma carta dos Arcanos Maiores.

*N.T.: No hemisfério norte, onde este livro foi escrito originalmente, a lua é vista de uma perspectiva diferente daquela vista a partir do hemisfério sul. Para que o leitor no hemisfério Sul pudesse compreender melhor a associação da carta com o que pode ser observado no céu, foi feita, com a aprovação dos autores, uma inversão na correspondência das fases da lua com a posição das cartas. Essa alteração não interfere de forma alguma na mensagem das cartas, apenas difere do original em alemão.

A CRUZ CELTA

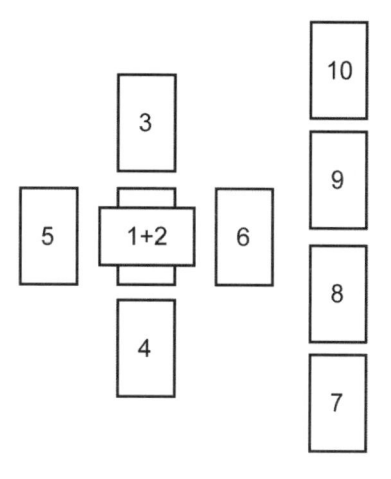

```
            ┌────┐
            │ 10 │
     ┌────┐ └────┘
     │ 3  │
     │    │ ┌────┐
     └────┘ │ 9  │
┌───┐┌─────┐┌───┐└────┘
│ 5 ││ 1+2 ││ 6 │
└───┘└─────┘└───┘┌────┐
     ┌────┐ │ 8  │
     │ 4  │ └────┘
     │    │ ┌────┐
     └────┘ │ 7  │
            └────┘
```

Tema	Método de disposição universal, especialmente para indicar tendências
Grau de dificuldade	2
Cartas a serem tiradas	10
Perguntas típicas	Como se desenvolverão os meus planos? O que acontecerá a seguir? Como anda o lado profissional?
Singularidade	O sistema de disposição que é indicado para qualquer tipo de pergunta.

A CRUZ CELTA é o método de disposição mais conhecido e, além disso, foi-nos transmitido desde os tempos antigos. É um sistema de disposição universal que pode ser usado para todos os tipos de perguntas, principalmente para aquelas sobre a tendência da evolução dos acontecimentos, para esclarecimento de motivações ocultas, para uma previsão ou para investigar as causas de uma situação. Quando não se tem certeza de qual dos sistema é o mais apropriado para determinada pergunta, pode-se sempre decidir pela CRUZ CELTA.

A CRUZ CELTA possui uma antiga fórmula mágica:

    1 = isto é.

    2 = isto o cruza.

    3 = isto o coroa.

    4 = nisto se apoia.

5 = assim foi antes.
6 = assim será depois.
7 = este é o consulente.
8 = lá acontece.
9 = estas são as esperanças e os temores.
10 = para onde conduz.

Ou, dito de uma maneira menos mágica:

1 = esta é a questão.
2 = isto é acrescentado à questão.
3 = isto é reconhecido.
4 = isto é sentido.
5 = isto foi a causa.
6 = assim continuará.
7 = assim o consulente enxerga a questão.
8 = assim os outros veem a questão ou lá acontece algo.
9 = isto o consulente espera ou teme.
10 = este é o resultado.

O SIGNIFICADO DE CADA POSIÇÃO:

1 = a situação inicial.

2 = o impulso que vem em seguida, que pode fomentar, complementar ou também obstruir.

Essas duas cartas dão a resposta principal sobre a situação como ela é, enquanto que as duas próximas cartas mostram informações sobre o seu fundamento.

3 = o plano consciente. Aquilo que está claro para o consulente, o que ele reconhece, vê e que talvez até anseie conscientemente com relação à pergunta.

4 = o âmbito do inconsciente. "Nisto se apoia" é dito na fórmula mágica. Isso quer dizer que o assunto está bem ancorado nesse plano, é conduzido por uma profunda certeza interior, possui raízes bem fortes e não se deixa abalar com facilidade.

De acordo com o tipo de pergunta, tem-se uma certa margem para a interpretação do significado dessas duas cartas. Porém, em última análise, elas refletem o que dizem a cabeça (3) e o coração (4).

5 = a carta que nos remete ao tempo passado. Ela mostra o passado recente, o que conduziu à pergunta, ou nos dá uma ideia da causa da atual situação.

6 = a primeira carta que aponta para o futuro, que nos dá uma perspectiva do futuro próximo, do que virá a seguir.

7 = essa carta mostra ao consulente[36] a sua postura com relação ao tema (cartas 1 e 2) ou como ele se sente nessas circunstâncias.

8 = o ambiente. Aqui pode estar representado tanto o local dos acontecimentos quanto a influência de outras pessoas sobre o tema. Se a pergunta feita for sobre o relacionamento entre duas pessoas, essa carta representará em princípio o(a) parceiro(a).

9 = expectativas e temores. O significado dessa carta é muitas vezes subestimado, por ela não possuir um caráter prognóstico. Porém, ela nos fornece indicações valiosas, especialmente se você interpretar as cartas para outra pessoa. Aqui é mostrado como o consulente avalia a situação, o que ele espera e o que ele teme.

10 = a segunda carta que aponta para o futuro nos dá uma perspectiva a longo prazo e mostra aonde a situação poderá nos levar.

Sendo assim, encontramos exclusivamente nas posições 6 e 10 cartas com um caráter prognóstico. Todas as outras cartas nos dão indicações importantes, esclarecedoras e complementares sobre o ambiente e contexto do assunto da pergunta.

PROCEDIMENTO DE INTERPRETAÇÃO:

Comece pela posição 5 (passado e antecedentes) e interprete a seguir a posição 9 (expectativas e temores). Dessa forma, você obterá uma ideia melhor da situação, pois agora já sabe quais acontecimentos antecederam (5) à pergunta e quais são as expectativas do consulente (9). Interprete então as cartas 1 e 2 como os impulsos atuais principais, sendo que a posição 1 é sempre o primeiro impulso, enquanto a posição 2 indica o impulso seguinte, que pode complementar, obstruir ou fomentar o impulso inicial.

Veja o que é percebido conscientemente (posição 3) e como a temática está ancorada no inconsciente (posição 4). Lembre-se de que essa posição é especialmente importante. O que estiver bem enraizado aqui suportará até grandes tempestades. Porém, se aqui uma carta difícil indicar raízes problemáticas, isso é prejudicial, ainda que as outras cartas passem uma mensagem agradável. Observe, por fim, a postura do consulente em relação ao assunto (posição 7), as influências externas ou o ambiente à sua volta (posição 8), antes de finalizar com as cartas prognósticas nas posições 6 e 10.

---

36. Quando a consulta for feita para uma pessoa que não estiver presente, você deverá esclarecer previamente se essa posição reflete a sua postura ou a da pessoa ausente.

A CRUZ

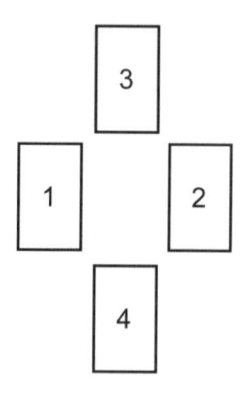

Tema	Avaliação de uma situação. Sugestões e tendências no decorrer dos acontecimentos
Grau de dificuldade	1
Cartas a serem tiradas	4
Perguntas típicas	Como anda o meu lado profissional, o meu relacionamento? Como andam os meus planos? Como devo agir?
Singularidade	A maneira mais fácil de deixar as cartas avaliarem algo.

A CRUZ é um dos sistemas de disposição mais simples, mas nem por isso menos interessante. Ela fornece uma mensagem curta e significativa, que com bastante frequência aponta para uma direção valiosa. Ao mesmo tempo, ela é muito versátil. Se você ainda não está tão familiarizado com as 78 cartas do Tarô e o grande número delas o confunde, você pode limitar-se apenas às 22 cartas dos Arcanos Maiores. As cartas são dispostas da seguinte forma:

O SIGNIFICADO DE CADA POSIÇÃO:

1 = este é o assunto em questão.
2 = isto você não deveria fazer.
3 = isto você deveria fazer.
4 = este é o resultado, é para isto que serve.

Procedimento de interpretação:

Comece com a carta 1, que às vezes desencadeia um verdadeiro lampejo súbito, mas fornece-nos apenas uma informação sem importância. Em seguida, é especialmente importante salientar as diferenças entre as cartas 2 e 3, pois por meio disso se expressa o verdadeiro conteúdo da mensagem. Justamente quando se trata de cartas semelhantes, a essência da mensagem pode estar na sutil diferença entre as duas. Verifique então, para finalizar, a carta na posição 4 para saber o que implicará essa situação.

Variante:

Você pode usar o mesmo sistema de disposição quando não entender alguma vez o significado de uma carta. Embaralhe todas as cartas novamente, para deitá-las da mesma maneira, agora com a pergunta: "Qual o significado da carta X na última consulta?"

Nesse caso, as posições têm o seguinte significado:

1 = este é o assunto em questão.

2 = este não é o significado da carta.

3 = este é o significado da carta.

4 = é para isso que ela serve, este é o seu propósito.

O PRÓXIMO PASSO

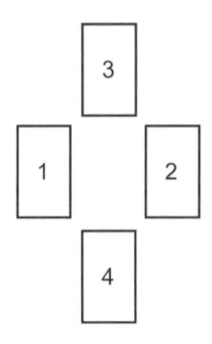

```
        [ 3 ]
[ 1 ]   [ 2 ]
        [ 4 ]
```

Tema	Sugestão, a curto prazo, do que deve ser feito em seguida
Grau de dificuldade	1
Cartas a serem tiradas	4
Perguntas típicas	Qual deve ser o meu próximo passo?
Singularidade	O sistema de disposição para consultas frequentes ao Tarô. Ideal para deixar-se guiar pelo Tarô a fim de alcançar uma meta estipulada.

Você deve escolher esse método de disposição sempre que queira que o Tarô o acompanhe durante o processo para alcançar um objetivo ou se você estiver buscando um guia que o conduza mesmo pelos caminhos mais complicados. Ele não indica para onde o caminho levará[37] no final, mas sim o que se deve fazer em seguida. Como as cartas sempre se referem, de acordo com a nossa experiência, a um espaço de tempo de quase não mais que 14 dias, esse é o jogo mais indicado para assuntos sobre os quais você queira consultar as cartas várias vezes, para receber seguidamente novos impulsos. Além disso, nesse caso, o próprio Tarô lhe diz quando você deve consultar as cartas novamente.

---

37. Se for isso o que quiser saber, você deve utilizar a CRUZ CELTA, O SEGREDO DA ALTA SACERDOTISA ou O CAMINHO.

O SIGNIFICADO DE CADA POSIÇÃO:

1 = a situação de partida. Onde o consulente se encontra no momento.
2 = isto não é importante agora. Isto não deve ser temido nem esperado.
3 = só isso importa agora.
4 = o próximo passo conduz a isso. Assim que isto aconteça, é hora de consultar as cartas outra vez.

PROCEDIMENTO DE INTERPRETAÇÃO:

As cartas 1 e 4 mostram o ponto de partida e para onde conduz o próximo passo. Não se deve atribuir aqui um significado exagerado à carta 4. Ela indica, basicamente, quando se deve deitar as cartas novamente, ou seja, quando o passo descrito aqui foi tomado. Esse é o momento no qual a experiência descrita pela carta 4 acontece, mesmo que dure apenas alguns minutos. A carta mais importante encontra-se na posição 3. Ela indica o que se deve observar durante todo esse espaço de tempo, o que realmente o levará adiante. A carta 2 é de certa maneira uma advertência, uma vez que toda a energia que fluir nessa direção será desperdiçada. Isso porque a situação esboçada nessa carta, com toda certeza, não se realizará durante esse processo.

O JOGO DO LOUCO

| 1 | 2 | 3 | 4 | 5 | 6 | 7 | 8 | 9 | 10 | 11 | 12 | 13 |

Tema	O estágio atual e as perspectivas no decorrer de um longo processo
Grau de dificuldade	4
Cartas a serem tiradas	12
Perguntas típicas	Qual é a minha situação profissional? Em que estágio eu me encontro no meu caminho (da autorrealização, da busca espiritual, da psicanálise, etc.)
Singularidade	O sistema de disposição para avaliar processos evolutivos que se desenrolam durante um longo espaço de tempo.

O JOGO DO LOUCO reflete, em uma sequência simples de cartas, o decurso cronológico de um assunto. Ao mesmo tempo, ele indica em que estágio o consulente se encontra no decorrer desse processo, o que ele já deixou para trás e o que ainda está por vir. Por isso, ele serve, melhor do que qualquer outro método de disposição mostrado aqui, para a avaliação de longos processos evolutivos. Como, no entanto, as posições não têm um significado determinado e cada carta baseia-se apenas na anterior, a interpretação nem sempre é fácil. O que também dificulta é o fato de cada carta ilustrar um espaço de tempo diferente da outra. Com isso a sequência dos acontecimentos é mostrada, mas não o tempo que é necessário para cada etapa. Contudo, a maior dificuldade na interpretação advém da ideia fixa corrente de que a nossa vida tem de transcorrer de uma forma lógica. No JOGO DO LOUCO, porém, vemos, com muita frequência, nossas contradições, recaídas, recomeços e todos os nossos enganos e desvios.

As cartas são dispostas da seguinte forma:

O LOUCO é, inicialmente, tirado do baralho. As 77 cartas restantes são então, como de costume, embaralhadas e dispostas na mesa em forma de leque. O consulente retira então 12 cartas, acrescenta-lhes o LOUCO, sem olhá-las, e embaralha-as de novo. Depois de o consulente decidir se as cartas devem ser viradas por cima ou por baixo,[38] as 13 cartas são colocadas em sequência, uma ao lado da outra.

O significado de cada posição:

O LOUCO sinaliza o momento presente. Todas as cartas antes dele mostram processos passados e as cartas depois dele indicam o futuro. Se O LOUCO aparecer na posição 1, quer dizer que o consulente se encontra no início de um processo evolutivo, ou ante um novo começo. Na 13ª posição, O LOUCO indica que o consulente encerrou esse processo ou está pelo menos no fim de um período evolutivo significativo.

Procedimento de interpretação:

Considere inicialmente as cartas que se encontram ao lado esquerdo do LOUCO como experiências passadas. Depois interprete as cartas que apontam para o futuro. Não se deixe irritar por retrocessos ou aparentes contradições e não cometa o erro de querer atribuir a cada carta o mesmo espaço de tempo. Pelo contrário, você deve contar com o fato de que as cartas que seguem umas às outras podem referir-se ao mesmo período de tempo e serem vivenciadas simultaneamente.

---

38. Quer dizer, se a disposição deve começar pela carta de cima ou de baixo do monte.

O JOGO
DOS PARCEIROS

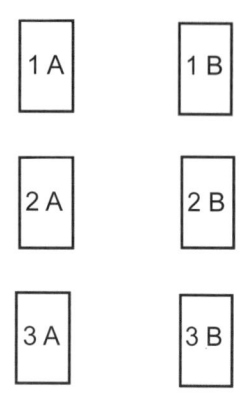

```
[1 A]    [1 B]

[2 A]    [2 B]

[3 A]    [3 B]
```

Tema	Como é a relação entre os parceiros
Grau de dificuldade	1
Cartas a serem tiradas	6
Perguntas típicas	Como está o nosso relacionamento? Como nos relacionamos um com o outro?
Singularidade	Nesse esquema de disposição, os parceiros tiram as cartas juntos.

Esse sistema de disposição, além do seu surpreendente conteúdo informativo, muitas vezes surte o efeito de desencadear um valioso diálogo entre os parceiros. Esse sistema é indicado também para iniciantes, por ser possível utilizá-lo apenas com as 22 cartas dos Arcanos Maiores. Cada um dos parceiros retira simultaneamente três cartas, uma após a outra, que são dispostas para o outro da seguinte forma:

Ao virar uma carta após a outra, cada um dos parceiros diz:

1a = é assim que eu vejo você.

1b = é assim que eu vejo você.

2a = é assim que me vejo.

2b = é assim que me vejo.

3a = é assim que eu vejo o nosso relacionamento.

3b = é assim que eu vejo o nosso relacionamento.

Procedimento de interpretação:

Esse método apresenta apenas uma particularidade, que diz respeito à quintessência, que é calculada três vezes. Uma vez como resultado da adição de todas as cartas, uma segunda vez como uma mensagem conjunta aos parceiros, e por último como um conselho individual a partir da soma de cada uma das três cartas que cada parceiro tirou.

O JOGO DO PLANO

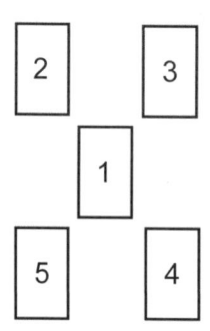

```
    [ 2 ]   [ 3 ]
        [ 1 ]
    [ 5 ]   [ 4 ]
```

Tema	Sugestão sobre a forma de alcançar um objetivo
Grau de dificuldade	2
Cartas a serem tiradas	5
Perguntas típicas	Como posso atingir o meu objetivo? Como posso me organizar mais, ter mais satisfação, dinheiro, etc? Como posso conquistar X?
Singularidade	Este livro oferece textos com interpretações para as duas posições mais importantes nesse método de disposição.

As cartas esclarecem com O JOGO DO PLANO um determinado propósito, ao mostrar se e como algo desejado será realizado. Para ele, você precisa tirar 5 cartas.

O SIGNIFICADO DE CADA POSIÇÃO:

    1 = o indicador. Uma informação sobre o plano em questão ou uma indicação importante.

    2 = a força impulsionadora (inconsciente) do consulente.

    3 = objeções ou apoios externos.

    4 = assim não funcionará.

    5 = assim funcionará.

PROCEDIMENTO DE INTERPRETAÇÃO:

Comece analisando a posição 1, para constatar em que pé está a situação em questão ou ver qual a indicação inicial que o Tarô dá ao consulente. A posição 2 mostra o que motiva o consulente e a posição 3 reflete a ressonância externa, em forma de apoio ou resistência. Para ajudar na interpretação das últimas duas posições decisivas, você pode utilizar os textos que se encontram na descrição das cartas sob a rubrica ALERTA SOBRE = posição 4 e ENCORAJA A = posição 5.

A PORTA

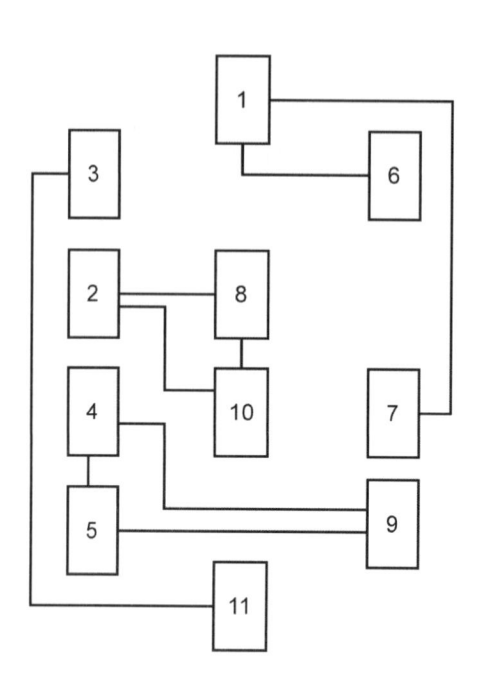

Tema	Descrição simbólica de um limiar diante do qual nos encontramos
Grau de dificuldade	4
Cartas a serem tiradas	11
Perguntas típicas	O que me espera atrás da próxima porta, limiar, desafio, etc.? Devo arriscar-me a dar um determinado passo? O que terei pela frente?
Singularidade	Esse método oferece-nos uma resposta bastante simbólica e por isso é especialmente apropriado para uma interpretação intuitiva.

Esse sistema de disposição é especialmente adequado para intérpretes intuitivos, que não gostam de se fixar a interpretações pré-estipuladas. Contudo, a riqueza simbólica desse método pressupõe justamente uma determinada prática, o que o torna pouco apropriado para iniciantes.

O SIGNIFICADO DE CADA POSIÇÃO:

1 = o nome da Porta. Esse é o assunto em questão.

2 = o buraco da fechadura. Uma primeira ideia sobre o que se encontra por trás da Porta.

3 = a fechadura. Ela mantém a Porta fechada até agora.

4 = a maçaneta. Ela é necessária para abrir a Porta.

5 = isso conduz até a Porta.

6 = esperança e temores. As expectativas do consulente sobre o que possa estar por trás da Porta.

7 = a postura do consulente com relação à Porta.

8 = o que há de fato por trás da Porta.

9 = onde a Porta se encontra.

10 = o que acontecerá quando a Porta for aberta.

11 = a chave que abre a Porta e que deve caber na fechadura (3).

Observação: Nós não precisamos atravessar todas as portas. As cartas podem também nos alertar sobre uma cilada. Nesse caso, você deve guardar a chave em um lugar bem seguro.

PROCEDIMENTO DE INTERPRETAÇÃO:

O nome da Porta (1) é apenas a fachada externa e corresponde a uma manchete no início de um artigo de jornal. O buraco da fechadura (2) esclarece mais um pouco. Contudo, a carta mais importante sobre o que está por vir se encontra na posição 8. Ela mostra, a longo prazo, para onde conduz o caminho através dessa Porta. Por outro lado, a posição 10 indica, a curto prazo, uma sensação ou um acontecimento ao ultrapassar a soleira da Porta. Interprete essa carta em primeiro lugar para avaliar se vale a pena abrir a Porta. As posições 6 e 7 refletem expectativas puramente subjetivas do consulente. Examine se elas têm fundamento ou não. Para isso, compare a carta na posição 6 com a 8 (perspectivas a longo prazo) e a carta na posição 7 com a 10 (experiência a curto prazo). As condições essenciais para alcançar a Porta encontram-se nas posições 4, 5 e 9, assim como também a chave na posição 11, com a qual poderemos abrir a fechadura que manteve a Porta trancada até agora.

O CAMINHO

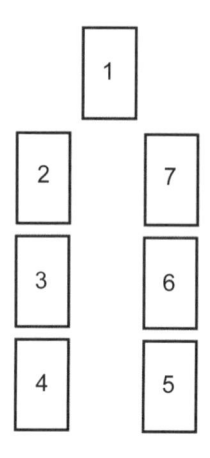

```
        ┌───┐
        │ 1 │
        └───┘
   ┌───┐     ┌───┐
   │ 2 │     │ 7 │
   └───┘     └───┘
   ┌───┐     ┌───┐
   │ 3 │     │ 6 │
   └───┘     └───┘
   ┌───┐     ┌───┐
   │ 4 │     │ 5 │
   └───┘     └───┘
```

Tema	A melhor maneira de proceder para alcançar um objetivo
Grau de dificuldade	3
Cartas a serem tiradas	7
Perguntas típicas	O que eu posso fazer para alcançar X, Y, Z? Como eu posso encontrar um apartamento, um parceiro para toda a vida, um bom emprego, etc.? O que eu posso fazer para me tornar saudável, satisfeito, etc?
Singularidade	O sistema de disposição, que indica chances e perspectivas e deixa claro como agir para alcançá-las.

O CAMINHO mostra ao consulente quais possibilidades existem de se atingir uma meta, como ele se tem comportado até agora e o que deve fazer no futuro.

O SIGNIFICADO DE CADA POSIÇÃO:

1 = esse é o assunto em questão. Isso pode ser alcançado.

A coluna da esquerda indica o comportamento do consulente até o momento, nos seguintes planos:

2 = atitude consciente e comportamento racional. O que o consulente pensou e a partir de que princípios agiu até agora.

3 = atitude inconsciente e comportamento emocional. Desejos, anseios, expectativas e receios. O que o consulente sente ou sentiu até o momento.

4 = aparência externa. Qual o efeito que o consulente causa sobre as outras pessoas, qual a impressão que ele causa; possivelmente uma fachada.

A coluna da direita indica sugestões para um comportamento futuro, com o qual a meta pode ser alcançada. Os significados correspondem às posições 2 a 4:

7 = atitude consciente. Sugestão para um novo ponto de vista.

6 = postura emocional. Indicação dos sentimentos para os quais o consulente se deve abrir.

5 = postura externa. O consulente deve agir dessa forma, isso é o que ele deve fazer e demonstrar.

PROCEDIMENTO DE INTERPRETAÇÃO:

Interprete primeiramente as perspectivas mostradas pela carta na posição 1. O propósito promete êxitos? Vale a pena seguir esse caminho? Se a resposta for negativa, a meta talvez não possa ser alcançada ou então ainda não é chegada a hora de realizar a sua intenção. Nesse caso, a pergunta deve ser feita novamente algum tempo depois. Se valer a pena lutar por essa meta, deve-se, em seguida, analisar os planos individualmente para descobrir onde e em que proporção as mudanças são aconselháveis e necessárias. Para isso, compare as cartas 2 e 7, as 3 e 6, assim como as 4 e 5. A carta na posição 5 tem, de qualquer forma, um peso importante, porque indica o que o consulente deve fazer concretamente.

PALAVRAS-CHAVE PARA A INTERPRETAÇÃO

Introdução

Se o significado de cada uma das cartas do Tarô pudesse ser reduzido a um só conceito, as figuras tornar-se-iam supérfluas e poder-se-iam simplesmente imprimir cartas nas quais estivesse escrita, respectivamente, apenas uma única palavra, como "sorte", "azar", "medo", "lucro" ou "perda". Como uma imagem vale mais do que mil palavras, a mensagem contida em cada carta possui uma multiplicidade muito maior do que um nome, ou um título, possa vir a expressar. A chave para o significado das cartas encontra-se, portanto, na sua riqueza simbólica. Por Aleister Crowley ter estudado tanto as doutrinas secretas do Oriente, bem como as tradições esotéricas do Ocidente e, além disso, ter sido um profundo conhecedor das mais diferentes escolas espiritualistas, não é de se admirar que seu Tarô tenha agregado uma simbólica extremamente multifacetada, que confere a essas cartas uma intensidade excepcional. Para que os diversos aspectos das mensagens que resultam dessa variedade se tornem compreensíveis, é necessário começar a interpretação de cada carta com uma análise dos seus símbolos.

Contudo, a ambiguidade é, sem dúvida, inerente a essas cartas. Assim como a palavra *alle* em alemão tanto pode significar uma totalidade como também vazio, um círculo vazio tanto pode simbolizar o zero ou o nada como também aquilo que a tudo engloba. Com isso, não se quer dizer que a interpretação dos símbolos esteja entregue à vontade de cada um. Especialmente no Tarô de Aleister Crowley e Lady Frida Harris, vê-se quão coerente a mensagem das cartas se expressa nos seus mais diferentes níveis.

Somente aquele que traduz a simbólica pode compreender a razão de, em alguns casos, o significado das cartas de Crowley diferir tão nitidamente do de outros Tarôs e como, apesar disso, ambas as interpretações podem ser corretas. Ao representar "polaridade", o espectro significativo do número 2 abrange desde "atração", passando por "igualdade", até "atrito", "rivalidade" e "inimizade"; portanto, desde "estar a dois", passando por "dúvida", "desavença", até "discórdia". Combinando-se a temática do número 2 com o elemento fogo, que é representado no baralho de Tarô pelo naipe de Bastões, compreendem-se com mais facilidade as variadas possibilidades de interpretação. Quando se colocam duas achas de lenha em chamas uma sobre a outra, elas inflamam-se com mais intensidade e, ao separá-las, a força da chama enfraquece-se, chegando talvez até a se apagar. Dessa forma, explica-se a contradição encontrada no significado da carta DOIS DE BASTÕES: nas cartas de Crowley, esses bastões encontram-se cruzados e representam o gosto pelo combate e força de vontade, e no Tarô de Rider encontram-se paralelos um ao outro e simbolizam neutralidade, não estar envolvido em algo com todo o coração e indiferença.

As correspondências astrológicas nas cartas de Crowley parecem algumas vezes um tanto quanto insólitas. Elas provêm da Tradição da Ordem Hermética da Aurora Dourada, à qual Aleister Crowley e também Arthur Edward Waite pertenceram. Nós traduzimos os símbolos astrológicos de forma que o significado da carta esteja sempre visível, ainda que esses mesmos símbolos, quando não estão relacionados à respectiva carta, sejam hoje muitas vezes compreendidos de outra maneira. Nós utilizamos a interpretação das letras hebraicas atribuídas aos Arcanos Maiores, como foram feitas por Crowley, sem tecer comentários. A interpretação das cores, porém, causa certa confusão. Pois, mesmo sendo em muitos casos enriquecedora, o seu embasamento é bastante contraditório, visto que associações contrárias não são apenas encontradas em culturas diferentes. Dentro de uma mesma tradição, pode ser encontrado um amplo espectro de possíveis interpretações. No Ocidente, o azul, a cor de Maria, representa por um lado suavidade, humildade, castidade, lealdade, e representa também, ao mesmo tempo, intelecto, sabedoria e verdade. Ora ele é a profundeza do mar, ora é o frescor do céu nas alturas. Mas não se pode simplesmente atribuir a Maria apenas o azul-escuro do mar, por seu nome significar "aquela que vem do mar", enquanto se equipara o azul-celeste às divagações intelectuais. Pois, por ela ser a Rainha dos Céus, o azul-celeste também pode ser-lhe atribuído. Apesar dessa pluralidade de significados, algumas vezes confusa, o simbolismo das cores abre, com frequência, bons caminhos para chegar-se ao significado das cartas.

Como os Arcanos Menores podem ser compreendidos também por meio da combinação entre as interpretações do seu número e do seu elemento, nós acrescentamos a rubrica elemento e número a todas as cartas com números. Contudo, a extensa simbólica dos números, como é em parte encontrada nos Arcanos Maiores, não deve ser procurada aqui. No âmbito dos Arcanos Menores, o significado é geralmente reduzido a um único aspecto destacado do espectro de um número. O resumo seguinte esclarece como chegar a eles:

A SIMBÓLICA DOS NÚMEROS NOS ARCANOS MENORES			
NÚMERO	SIGNIFICADO GERAL DO NÚMERO	ASPECTO DESTACADO	SIGNIFICADO PARA OS ARCANOS MENORES
1	Atividade, iniciativa, impulso produtivo, força criadora, Yang	Só o impulso que encontra um eco positivo pode frutificar, os outros desaparecem sem produzir resultados	Uma boa chance, uma verdadeira possibilidade, porém sem garantia de realização
2	Dualidade, polo oposto, o outro, disposição receptiva, passividade, reação, Yin	As variedades da polaridade	Unir, harmonizar, modificar, rivalizar
3	O nascimento do novo a partir da união dos opostos, vitalidade, fertilidade, síntese, o Divino	Uma base estável (um banquinho de três pernas não balança), fertilidade	Desenvolvimento intenso sobre uma base estável
4	Disciplina, estrutura, realidade, segurança, o terreno	Limitação, firmeza, estrutura	Estabilidade e solidez, com uma possível tendência para rigidez
5	Quintessência, microcosmo, sentido, número que representa o ser humano, busca pelo supremo, também o número do pecado	As crises fazem parte de todo crescimento e desenvolvimento profundo	Desafio, crise
6	Penetração recíproca e fusão insolúvel de opostos, amor, equilíbrio, harmonia, sexualidade	União bem-sucedida	Sucesso, auxílio, união
7	Totalidade que engloba o Divino (3) e o Terreno (4)	Ponto final e momento de transição crítico	Exaustão, crise, risco

A SIMBÓLICA DOS NÚMEROS NOS ARCANOS MENORES			
NÚMERO	SIGNIFICADO GERAL DO NÚMERO	ASPECTO DESTACADO	SIGNIFICADO PARA OS ARCANOS MENORES
8	Número do recomeço (7+1= uma oitava), da transformação e do renascimento (pia batismal octogonal), número intermediário (octógono) entre o Divino (círculo) e o Terreno (quadrado)	Transformação e renovação	Mudança, novo começo
9	Voltar-se para o interior, recolhimento antes de dar um passo para o novo	Cristalização	Concentração agradável ou problemática
10	Número da ordem divina, da totalidade, soma dos numerais cardinais 1+2+3+4=10	Abundância, o Todo	Soma, abundância

AS 22 CARTAS DOS ARCANOS MAIORES

0
O LOUCO

Símbolos	Significado
Figura de um louco (O louco de Abril)*	Loucura, despreocupação
Traje verde	Vitalidade, frescor
Chifres e cristal	Alegria de viver, conexão com o Todo
Solas das botas direcionadas para cima	Leveza
Cálice na mão direita emborcado para baixo, fogo na esquerda	União de opostos (cálice = Elemento Água)
Uvas	Mel da vida, êxtase
Arco-íris, que circunda a cabeça	Ponte entre o céu e a terra, êxtase da consciência
Três espirais ovais e circulares ligadas umas às outras	Potencial evolutivo em três planos
Espiral com crocodilo e tigre	Forças arcaicas, natureza instintiva
Espiral com laço em forma de coração	O nível mais alto e sublime do coração
Espiral com crianças gêmeas e flor azul	Natureza alegre e ingênua, despreocupação paradisíaca
Pomba, abutre (asa azul), sol alado e borboleta	Símbolos de transformação que representam os ciclos de vida e morte
Sol no chacra básico	Potência criadora
Moedas com símbolos astrológicos	Materialização dos princípios originais
Cabala: Aleph א	Boi, relha do arado
Astrologia: Elemento Ar △	Leveza, despreocupação

---

*N.T.: A expressão "O louco de Abril" representa a irreverência das brincadeiras no "1º de abril".

Aspectos Gerais: Potencial original, caos criativo, despreocupação, novo começo, partida para o desconhecido, liberdade concedida pela loucura, leviandade.

Vida Profissional: Começar do zero, brincar com as mais diversas possibilidades, pausa produtiva, estar aberto para novas atividades, inexperiência profissional, planos caóticos, falta de responsabilidade.

Plano da Consciência: Tornar-se consciente da abundância quase ilimitada de suas possibilidades, fazer um *brainstorming*.

Relacionamento: Vontade de curtir a vida, descontração, paquera, convivência afetuosa, encontro novo e revigorante, relacionamento aberto, experimentar.

Encoraja a: Experimentar algo novo de uma forma descontraída e divertida.

Alerta sobre: Circunstâncias caóticas e frivolidade exacerbada.

Como Carta do Dia: Você deve hoje estar aberto a tudo. Passe o dia da forma mais descontraída possível, não leve nada muito a sério e encare até os "acontecimentos mais insólitos" com uma divertida curiosidade. Quanto menos você se prender a ideias às quais está habituado e às experiências já testadas e comprovadas, mais excitante e incomum será o seu dia. Caso chegue à conclusão de ter hoje de recomeçar um determinado assunto do zero, então ouse um começo incomum, o mais despreocupadamente possível. Permita-se, ao menos uma vez, um pouco de "loucura"!

Como Carta do Ano: Este ano pode entrar para a história da sua vida como o "significativo Ano Zero", no qual acontecerá um novo começo essencial. Tome consciência das muitas possibilidades que este mundo oferece àquele que esteja aberto a elas. Viva os próximos 12 meses como em uma eterna primavera. Dê férias por um ano — com todo o respeito — à seriedade demasiada e à comprovada experiência de vida e tente encarar a vida com admiração e sem preconceitos. Deixe-se conduzir por sua curiosidade. Siga caminhos instintivamente, sem saber para onde eles o levarão. Assim, você terá a chance de viver, no melhor sentido, algo excitante, libertando-se de uma normalidade cinzenta e de uma rotina desanimada. Em vista da despreocupação e da alegria de viver brincalhona do LOUCO, você poderá, ao final deste ano, até se sentir mais jovem do que se sente hoje.

I
O MAGO

Símbolos	Significado
Malabarista que se equilibra na montanha do inconsciente	Concentração e destreza intelectual inspirada
Tornozelo com par de asas	Conhecimento que dá asas
Caduceu que vem das profundezas, com disco solar alado sobre a cabeça	A força solar mental mais elevada, que ascende do inconsciente, consciência da totalidade
Triângulo lilás-claro	Transcendência translúcida
Fazer malabarismo com os Quatro Elementos	Leveza, segurança nas suas relações com a realidade
Moeda	Elemento Terra = ação
Espada	Elemento Ar = intelecto
Tocha	Elemento Fogo = força de vontade
Cálice	Elemento Água = sentimento
Ovo alado	Quinto Elemento = Quintessência
Cetro com cabeça de fênix	Poder, força autorregeneradora
Flecha voando	Sede de conhecimento
Pergaminho	Ciência
Macaco ameaçador	Natureza instintiva, impulsividade
Cabala: Beth ב	Casa
Astrologia: Mercúrio ☿	Habilidade, inteligência

Aspectos Gerais: Impulso inicial, atividade, poder de resolução, força de vontade, concentração, vitalidade, maestria, autorrealização, capacidade de imposição, destreza, perspicácia.

Vida Profissional: Tomar iniciativa, realizar tarefas com maestria, demonstrar concentração e habilidade, ter êxito, passar em provas, negociar com agilidade e esperteza, ludibriar os outros.

Plano da Consciência: Conscientização profunda, penetrar no consciente da totalidade.

Relacionamento: Fascinação, força de atração, solucionar problemas com competência, dar o primeiro passo, aceitar a si e aos outros.

Encoraja a: Confiar em suas próprias capacidades e solucionar uma situação com habilidade.

Alerta sobre: Querer forçar algo a todo custo.

Como Carta do Dia: "Quem, se não você? E quando, se não agora?" é o lema do dia. Não hesite em tomar a iniciativa. Você possui uma autoconfiança salutar, sabe o que quer e pode, com a concentração necessária, alcançar habilmente o seu objetivo. Você conseguirá realizar as suas tarefas com maestria. Hoje é o dia ideal para tomar iniciativas ou para colocar as suas habilidades à prova. Mostre do que você é capaz, mantenha-se ágil e seguro nas conversas e nos negócios, e assim conseguirá conquistar os outros para os seus propósitos facilmente.

Como Carta do Ano: Este ano promete ser para você extremamente bem-sucedido. Você tem tudo nas mãos para fazer dele uma verdadeira obra-prima. Você poderá alcançar novos ápices em áreas com as quais está familiarizado, ou buscar novos pontos de interesse ou novas atividades, que lhe trarão satisfação e realização futuras. Com certeza, aparecerão também boas oportunidades para solucionar velhos problemas. Você não deve de jeito nenhum se menosprezar ou deixar que o façam de tolo. Em vez disso, mostre do que você é capaz e tome a iniciativa, onde quer que seja necessário. Participe ativamente do desenrolar deste ano, prove que você tem um espírito empreendedor. Você possui agora a habilidade necessária, o impulso certo e as melhores cartas para alcançar as suas metas, sejam elas na sua vida profissional ou particular. Qualquer coisa que você faça, terá boas perspectivas de tornar-se um sucesso!

II
A ALTA SACERDOTISA

Símbolos	Significado
Figura feminina coberta com um véu	Mistério, sabedoria oculta, inconsciente
Arco, curvado em forma de trompas de Falópio	Fertilidade, energia procriadora
Arco, que ao mesmo tempo é um instrumento de cordas	Força inspiradora, sedução, aliciação
Arco e flecha como arma	Proteção contra intrusos indesejáveis
Véu prateado com textura quadriculada	Feminilidade em estado puro, o encobrimento do mistério, padrão de sentimentos
Coroa de raios de luz em forma de meias-luas voltadas para cima	Disposição receptiva, chave para a verdade, conhecimento intuitivo
Sete meias-luas e coroa lunar	Sete esferas planetárias, que conduzem à visão do supremo
A lemniscata (∞) na frente dos olhos	Contemplação do Eterno
Flores, frutos, cristais, camelo	Fertilidade, abundância, o mundo das estruturas, matéria
Cabala: Gimel ג	Camelo
Astrologia: Lua ☽	Inconsciente, ânimo, premonição, sonho, sagacidade

Aspectos Gerais: Guia interior, sabedoria, intuição feminina, visões, fantasia, mistério, disposição passiva, ser guiado.

Vida Profissional: Atividades terapêuticas, aptidão mediúnica e inspiradora, segurança instintiva.

Plano da Consciência: Compreensão da mensagem dos sonhos, profundidade, vivenciar experiências espirituais.

Relacionamento: Atração profunda, união espiritual, compreensão, confiança mútua, deixar-se encontrar, disposição passiva.

Encoraja a: Confiar na sua voz interior.

Alerta sobre: Deixar-se levar passivamente e simplesmente esperar por um milagre.

Como Carta do Dia: Deixe que o dia de hoje venha tranquilamente ao seu encontro e observe, sem nenhuma intenção ou expectativa, o que acontecerá. Deixe que os acontecimentos se desenrolem e só interfira neles quando a sua voz interior lhe disser que o faça. Caso os seus afazeres permitam, observe hoje tranquilamente o que se passa em você, quando não está em atividade. O que passa por sua cabeça? Do que você sente necessidade subitamente? Não precisa para isso se obrigar a ficar parado; siga apenas os seus impulsos interiores. Você se surpreenderá com quão intenso e satisfatório será esse dia, aparentemente ocioso. Preste atenção aos seus sonhos em especial, pois eles podem lhe transmitir informações valiosas.

Como Carta do Ano: Você tem pela frente um ano cheio de mistérios. Se estiver disposto a deixar-se conduzir, você vivenciará não somente experiências enriquecedoras e inesquecíveis, como também entrará repetidas vezes em contato com forças ocultas; com a realidade por trás da realidade. Confie na sua intuição. Preste atenção à sua voz interior, que o conduzirá na hora certa a lugares e pessoas que serão importantes para você no momento. Principalmente se estiver acostumado a ter na vida uma postura ativa e determinante, e não passiva e receptiva, você vivenciará este ano de ócio, após uma curta fase de adaptação, como um período muito satisfatório e extremamente fascinante. Talvez você possa começar a anotar os seus sonhos em um diário para, com o passar do tempo, compreender cada vez melhor as mensagens e as sugestões do seu inconsciente e poder transpô-las para o seu cotidiano.

III
A IMPERATRIZ

Símbolos	Significado
Figura de uma mulher trajada com um vestido verde e rosa, com uma coroa lunar verde e uma cruz que simboliza soberania	Mãe Natureza, união com a terra, soberania terrena
Cinto decorado com signos do zodíaco	Senhora das estações do ano
Colunas do trono em forma de chamas azuis	A água original, da qual surgiu a vida
Posição do tronco e dos braços	Símbolo alquímico do sal ⊖
Abelhas no traje cor-de-rosa	Dedicação, fertilidade, pureza
Meias-luas crescente e decrescente	Ciclo da vida de nascimento e morte
Cetro em forma de um lótus na mão direita	Criatividade feminina, vitalidade e beleza que desabrocham do colo feminino
Mão esquerda aberta	Receptividade, entrega
Pardal nas costas da Imperatriz	Sensualidade latente
Posicionamento e olhar para pomba	Caráter pacífico
Escudo com águia dupla branca	Consciência feminina lunar
Cabala: Daleth ד	Portal
Astrologia: Vênus ♀	Sensualidade, abundância e deleite

Aspectos Gerais: Crescimento, potencial criativo, força intuitiva, inovações, gravidez, nascimento, solicitude.

Vida Profissional: Atividade criativa, boas chances de crescimento e desenvolvimento, transformações profissionais, senso apurado para as tendências e ciclos nos negócios, criação de novos conceitos, cuidar com carinho do que lhe foi confiado.

Plano da Consciência: Ter uma visão do eterno ciclo de nascimento e morte.

Relacionamento: Desenvolvimento intenso, sensualidade benéfica, profunda confiança, aumento da família, proteção e aconchego, perspectivas novas e boas, reativação de um vínculo antigo.

Encoraja a: Confiar na capacidade de crescimento da vida e estar aberto a mudanças.

Alerta sobre: Não se deixar levar por processos desenfreados e não desperdiçar as oportunidades.

Como Carta do Dia: Alegre-se pelo dia de hoje. Ele promete ser extremamente excitante. Talvez você seja levado para o ar livre, onde o espírito e a alma possam se revigorar. Porém, também no seu cotidiano soprará um vento estimulante que trará ideias criativas e impulsos frutíferos. Algo que já vem crescendo há muito tempo dentro de você pode hoje vir à tona, e o que estava até agora estagnado receberá um impulso forte de crescimento. O que você iniciar hoje tem boas perspectivas de desenvolver-se magnificamente, pois o seu excelente senso de compreensão dos processos naturais de desenvolvimento o conduzirá, instintivamente, a fazer o que é certo.

Como Carta do Ano: Você está diante de um ano fértil. Os próximos 12 meses estarão sob o signo das transformações criativas e chances favoráveis de crescimento. Prepare bem o seu terreno, para que você possa fazer uma colheita farta no final. O momento é favorável para começos promissores, nos quais o que importa é se expressar mais e utilizar melhor as suas capacidades. Abra-se a impulsos estimulantes e fecundantes, os quais tornarão a sua vida mais rica e mais bela. Inclusive, algo que você vem "gerando" dentro de si há muito tempo agora pode se concretizar e lhe proporcionar uma nova realização. Tenha confiança na força auxiliadora e curativa da Natureza.

IV
O IMPERADOR

Símbolos	Significado
Figura majestosa de um homem em trajes vermelhos bordados de dourado	Força, atividade, autoridade, magnificência, poder
Pernas cruzadas e, acima destas, braços e tronco formando um triângulo	Símbolo alquímico do enxofre ⚷, energia masculina
Abelhas douradas no traje	Dedicação, senso de disciplina, realeza (atributo do Faraó)
Cetro com cabeça de carneiro	Legitimação de autoridade, poder e desejo de imposição, coragem
Globo imperial com Cruz de Malta	Poder consolidado, direito e disciplina como condições para paz e segurança
Coroa com diamantes	Cristalização da vontade e poder
Cabeças de carneiro	Alusão à associação dessa carta com Áries
Escudo com águia dupla	Consciência solar e masculina
Dois discos solares com estrelas	Retidão, continuidade
Cordeiro com bandeira da vitória	Vitória da humildade
Lírios dourados	Atributo do poder
Cabala: Tzaddi צ	Anzol
Astrologia: Áries ♈	Capacidade de imposição, vontade

Aspectos Gerais: Senso de realidade, disposição para assumir responsabilidades, energia, segurança, continuidade, liderança, retidão de caráter, senso prático.

Vida Profissional: Estabilidade e estruturas claras, consolidação, realização de planos, desenvolvimento de projetos com clareza, posição de liderança, disciplina e perseverança, perfeccionismo.

Plano da Consciência: Valorizar tanto estruturas organizacionais como também o raciocínio lógico e realista.

Relacionamento: Acordos claros, fundamento estável, estruturas no relacionamento de eficácia já comprovada, relações ordenadas, realização de objetivos comuns.

Encoraja a: Realizar intenções e planos com perseverança.

Alerta sobre: O perigo de sufocar a vitalidade por causa de uma sobriedade e um perfeccionismo exagerados.

Como Carta do Dia: Hoje você deve executar as suas tarefas com coerência. Comece agora algo que tenha de ser realizado ou que você gostaria de já ter feito há muito tempo, independentemente do que seja. Você possui agora a energia suficiente, a habilidade e a coerência necessárias para colocar as coisas em ordem, esclarecer dúvidas e concluir tarefas inacabadas. Caso não lhe ocorra nenhuma ideia concreta sobre o que você deve fazer, talvez seja apenas o caso de arrumar a sua casa a fundo, consertar a sua bicicleta ou pagar contas antigas.

Como Carta do Ano: Você tem pela frente um ano de ação. Ideias que você tenha até agora maquinado, coisas que você venha há tempos desejando e intenções que você já tenha talvez manifestado várias vezes serão postas à prova de viabilização. Concretize o que é viável e elimine todo o peso desnecessário. Nos próximos 12 meses, você agirá com mais disciplina, perseverança e coerência do que em outras épocas. Analise quais metas você realmente gostaria de alcançar e de que forma gostaria de aproveitar essa fase. "Perseverança maleável" é o lema mágico que lhe possibilitará seguir o fio da meada, até que possa concretizar seus propósitos. A sua tarefa para este ano pode consistir, evidentemente também, em tomar decisões com as quais você se comprometa, em defender o que já foi alcançado, em definir limites claros ou assumir mais responsabilidade com relação a si mesmo.

V
O HIEROFANTE

Símbolos	Significado
Hierofante	Certeza da fé, sabedoria
Feições como se fossem uma máscara	Crenças enrijecidas, rituais mortos
Janela com pétalas de rosas	Transcendência translúcida
Serpente sobre a cabeça	Sabedoria, cura
Pomba	Espírito Santo, iluminação
Báculo com três anéis	Unificação do passado, presente e futuro
Três pentagramas contidos uns dentro dos outros	Incorporação do homem na estrutura cósmica
Osíris dentro do grande pentagrama	Atual Era de Osíris[39]
Mulher com espada e meia-lua dentro do pentagrama do meio	A Era de Ísis,[39] que existiu há mais de 2 mil anos
Hórus como criança dentro do pentagrama menor	O despontar da Era de Hórus[39]
Quatro Querubins nos quatro cantos	Portadores do Altar Divino
Elefante e Touro	Perseverança, sensatez
Cabala: Vau ו	Prego
Astrologia: Touro ♉	Tradição e solidez

---

39. De certa forma, pode-se transpor esses conceitos cunhados por Crowley para a Era do Matriarcado (Era de Ísis), Era de Peixes (Osíris) e a Era de Aquário (Hórus) que está despontando.

Aspectos Gerais: Confiança, busca da verdade, percepção do sentido das coisas, força persuasiva, virtude, expansão da consciência, força da fé.

Vida Profissional: Atividade que tenha um sentido, seguir uma vocação, ética de trabalho elevada, ensino, aperfeiçoamento, confiança nas próprias capacidades.

Plano da Consciência: Passar por uma experiência profunda que o leve à compreensão do sentido das coisas, desenvolver confiança em Deus, ampliar sua visão de mundo, exame de consciência.

Relacionamento: Confiança profunda, harmonia, declaração de amor, princípios morais sólidos, reconhecer e estimar o sentido e o valor do relacionamento.

Encoraja a: Sair em busca de sentido e fazer algo significativo.

Alerta sobre: Presunção arrogante e uma mania dogmática de sempre ter razão.

Como Carta do Dia: Vá ao encontro do dia com uma confiança salutar em Deus. Você tem todos os motivos para estar confiante e, além disso, boas possibilidades de realizar ou vivenciar algo realmente significativo. Não se prenda a rituais enrijecidos e não dê ouvidos a frases ocas e promessas vazias. Saia em busca do que é realmente fundamental, de valores ocultos e intrínsecos, e não se deixe impressionar por aparências. Caso você caia em um conflito de interesses, tome uma decisão de tal forma que daqui a alguns anos você possa lembrar desse dia com a consciência tranquila.

Como Carta do Ano: A questão agora é o sentido. Se você já se perguntou várias vezes o porquê de ter de fazer algo, ou para que serve isso tudo, então você terá, nos próximos 12 meses, tempo e oportunidade de encontrar uma resposta convincente. Para isso, você deve rever especialmente a validade dos seus princípios de fé. Não importa a quais dogmas, valores morais ou preconceitos — que talvez lhe tenham sido impostos na infância — você esteja preso. É chegada a hora de substituí-los por opiniões vivas e convincentes, correspondentes ao seu amadurecimento de vida. Indiferentemente se isso diz respeito a uma situação específica ou ao sentido da vida em si, neste ano você terá a possibilidade de reconhecer o que lhe é realmente importante. Não se surpreenda se ao final deste ano você estiver com uma visão de mundo renovada e mais intensa.

VI
OS AMANTES

Símbolos	Significado
Rei negro com coroa de ouro e leão vermelho	Energia masculina consciente
Rainha branca com coroa de prata e águia branca	Energia feminina consciente
Criança negra com clava na mão	Masculinidade intrínseca e inconsciente
Criança branca com ramalhete de rosas na mão	Feminilidade intrínseca e inconsciente
O rei e a rainha de mãos dadas	União de opostos, amor
Criança branca e criança negra tocam-se nas mãos	Os polos intrínsecos unem-se também
Lança	Conquista, capacidade procriadora
Cálice	Capacidade de doação, franqueza
Figura de cor violeta, encoberta, com as mãos estendidas de uma maneira protetora	Santidade, poder sacerdotal, bênção divina
Ovo órfico alado envolto por uma serpente	Mistério da vida, começo de uma grande obra
Cupido atirando uma flecha	Anseio por unificação
Lilith e Eva	Feminilidade sombria e luminosa
Abóbada de espadas	Análise e decisão precisa
Cabala: Zain ז	Espada
Astrologia: Gêmeos ♊	Opostos e intercâmbio

Aspectos Gerais: União, amor, transações arrojadas, decisões tomadas com o coração, superação de diferenças, reunir detalhes.

Vida Profissional: Sentir-se atraído por uma tarefa, juntar-se aos outros, capacidade de assumir compromissos, fusões nos negócios, fechar contratos, boa cooperação.

Plano da Consciência: Reconhecer a relação entre as coisas.

Relacionamento: Sorte no amor, casamento, reconciliação, encontrar o parceiro dos seus sonhos, desejo de relacionar-se, envolver-se realmente, seguir o coração e tomar uma decisão com clareza.

Encoraja a: Juntar-se a outras pessoas e envolver-se em um projeto com todo o coração.

Alerta sobre: O perigo de acreditar que o início já seja a meta.

Como Carta do Dia: Tome hoje uma decisão arrojada, que pode dizer respeito a uma pessoa, uma coisa ou uma intenção. Caso você esteja até agora hesitante e cheio de dúvidas, dê férias à razão, ouça a sua voz interior e apoie o seu coração. Analise quais as diferenças e contradições interiores devem ser superadas e o que deve ser feito para unir outra vez o que porventura esteja desunido ou desfeito. Nem sempre, quando se tira essa carta, acontece de encontrar-se um grande amor no próximo ponto de ônibus, mas às vezes isso ocorre de fato.

Como Carta do Ano: Neste ano, o seu coração baterá mais forte. A causa disso talvez seja uma pessoa que você já conhece há muito tempo ou que tenha acabado de entrar na sua vida, uma tarefa que lhe dará satisfação ou talvez até uma experiência valiosa que fará o seu coração transbordar. Seja lá como for, não se aproxime da situação sem entusiasmo; pelo contrário, diga "sim" do fundo de sua alma. Mesmo que você tenha condicionado a sua felicidade a outras pessoas e a fatores externos, você será capaz de reconhecer agora que o caminho para uma profunda realização começa com a superação de resistências e contradições interiores. Faça um esforço para deixar as coisas claras. Isso lhe dará forças para ultrapassar as barreiras iniciais, afastar possíveis inconveniências, apaziguar conflitos e, no final, comemorar o resultado à vontade.

VII
A CARRUAGEM

Símbolos	Significado
Condutor da carruagem com armadura dourada em posição meditativa	Força espiritual concentrada, orientação interior direcionada ao objetivo
Caranguejo decorando o elmo	Alusão à associação dessa carta com Câncer
O Santo Graal em suas mãos voltado para a frente	Franqueza, busca pela realização
Rodas vermelhas da carruagem, paradas	Força de vontade presente, intenção de ação, prontidão
Toldo azul apoiado em quatro colunas	Firmamento sustentado pelas colunas da terra
Círculos claros e concêntricos ao fundo	Dinâmica do eterno movimento cósmico
Centro do Santo Graal em frente ao centro (plexo solar) do condutor e em frente ao centro dos círculos ao fundo	Sintonização entre os objetivos interiores, exteriores e cósmicos, direcionada a uma orientação comum
Quatro esfinges, claras e escuras, com partes do corpo trocadas quatro vezes entre si	Subdivisão dos quatro elementos em 16 subelementos, masculino/feminino
Cabala: Cheth ח	Cerca
Astrologia: Câncer ♋	Seguir o seu próprio caminho obstinadamente

Aspectos Gerais: Atmosfera de partida, desejo de aventura, iniciativa, firmeza de propósito, vontade de impor-se.

Vida Profissional: Independência, visar a novos projetos, ambição, disposição de correr riscos, determinação, dar um salto na carreira, assumir novas funções.

Plano da Consciência: Sintonizar-se internamente com um objetivo.

Relacionamento: Novos relacionamentos, impulsos estimulantes, alinhar-se a um objetivo comum, dar um grande salto adiante.

Encoraja a: Aproveitar imediatamente a oportunidade com determinação e objetividade.

Alerta sobre: Acreditar que tudo se resuma à partida.

Como Carta do Dia: Hoje, é chegada a hora de dar a largada. Você não precisa mais esperar. Concentre-se no seu objetivo e avalie mais uma vez se você reuniu tudo o que é necessário, para que ao longo do caminho não falte nada importante ou que você não perca de repente a energia. Porém, se você não estiver preparado de jeito nenhum para um salto ou nem sequer tiver pensado em uma partida, prepare-se então para ver para qual pista de decolagem esse dia irá levá-lo. Pois alguma coisa irá, com certeza, decolar hoje.

Como Carta do Ano: Atreva-se agora a dar um grande salto, deixe-se levar por uma aventura. Este ano está sob o signo de um novo começo promissor. No final dele, você estará encarando a vida com mais autoconfiança e independência. Se você estiver pensando em ir atrás de um grande objetivo, em fugir de uma situação sufocante ou em superar barreiras pessoais, em breve será dado o tiro de largada. Até lá, avalie novamente as suas motivações e a clareza do seus objetivos pessoais. Direcione-se então para a ação, sem hesitar, de maneira concentrada, decidida e determinada. Você tem ótimas chances de alcançar o que se encontra à sua frente e, dessa forma, trazer mais vitalidade e impulsos estimulantes para o seu cotidiano.

VIII
O AJUSTAMENTO

Símbolos	Significado
Figura feminina na ponta dos pés	Equilíbrio interior, concentração profunda, autocontrole
Coloração verde-azulada	Sabedoria e contemplação
Máscara	Atenção direcionada para o interior
Espada com punho em forma de meia-lua	Discernimento instintivo
Pratos da balança equilibrados com as letras Alpha e Ômega	Harmonia entre polaridades
Correntes que seguram os pratos da balança	Elos que tornam visível o princípio da causa e do efeito
Coroa com penas de avestruz	Justiça divina
Trono formado por quatro pirâmides pontiagudas e oito esferas	Limitação, lei, equilíbrio entre o redondo (feminino) e o reto (masculino)
Círculos nos quatro cantos de onde saem raios	Equilíbrio entre luz e escuridão
Cabala: Lamed ל	Braço estendido
Astrologia: Libra ♎	Equilíbrio, objetividade

Aspectos Gerais: Objetividade, clareza, equilíbrio, justiça, carma, compreensão sóbria, ter responsabilidade por si mesmo, autocrítica.

Vida Profissional: Arcar com as consequências, ter clareza sobre os seus objetivos profissionais, boa capacidade de julgamento, contas equilibradas, contratos justos, colher o que se semeou.

Plano da Consciência: Reconhecer a nossa própria responsabilidade em tudo o que vivenciamos.

Relacionamento: Igualdade, acordos justos, relacionamento equilibrado, parceria motivada por interesses comuns, relacionamento comercial.

Encoraja a: Analisar algo com objetividade e sobriedade e reconhecer a sua própria responsabilidade na situação.

Alerta sobre: Tornar-se incapaz de agir, de tanto ponderar.

Como Carta do Dia: Hoje você deve manter a cabeça fresca. Caso haja um conflito ou uma decisão que precise ser tomada, mantenha uma atitude justa e considere as consequências dos seus atos a longo prazo. Você poderá hoje também se confrontar com as consequências de uma situação do passado. A depender da forma como você agiu naquela época, hoje poderá alegrar-se sobre um resultado ou encarar o dia com uma sensação de mal--estar.

Como Carta do Ano: Este ano é decisivo. Por isso, tome o tempo que for necessário para esclarecer assuntos importantes e tomar decisões equilibradas, responsáveis, justas e a longo prazo. De resto, dependerá apenas de você como estes próximos 12 meses serão vividos. Mais precisamente, você é o responsável direto pelo que acontecerá, pois colherá o que plantar agora. Isso pode ser bastante enriquecedor, porém também extremamente desagradável, a depender da forma como você tenha agido no passado. Caso realmente tenha de se confrontar com consequências desagradáveis e fardos do passado, aproveite também essa oportunidade. Corrija o que deu errado antes, para poder ter paz no futuro.

IX
O EREMITA

Símbolos	Significado
Um homem velho, curvado, de perfil	Voltar-se para dentro de si, recolhimento interior, concentração no que é essencial
Túnica vermelha	Coragem, força
Cabelo branco	Maturidade, sabedoria, iluminação
Diamante iluminado contendo o sol	Luz da compreensão
Cérbero, o cão do Inferno, de três cabeças, domesticado	O mundo das sombras integrado à personalidade
Campo de trigo	Natureza viva
Ovo de onde surgiu o mundo, envolvido por uma serpente	Origem de todas as coisas, mistério da criação
Espermatozoide	Impulso procriador, potencial vital
Pirâmide de raios	Visão espiritual, libertação espiritual, iluminação
Cabala: Yod י	Mão
Astrologia: Virgem ♍	Exatidão, confiabilidade, ascese, concentração, colheita

Aspectos Gerais: Concentração no que é essencial, orientação, clausura, seriedade, recuo, examinar as coisas a fundo, experiência de vida.

Vida Profissional: Projetos amadurecidos, apostar em objetivos que já foram comprovados, reconhecer a sua verdadeira vocação, seguir o seu próprio caminho, retirar-se da vida profissional, transmitir experiências.

Plano da Consciência: Conhecer-se e ser fiel a si mesmo.

Relacionamento: Agir com seriedade, ter uma atitude madura, ser fiel a si mesmo em vez de assumir compromissos duvidosos. Afastar-se temporariamente para ponderar sobre o relacionamento ou tomar conscientemente a decisão de ficar solteiro.

Encoraja a: Deixar algo amadurecer e levar-se a sério.

Alerta sobre: Amargura, esquisitices excêntricas e alienação à realidade.

Como Carta do Dia: Este dia lhe pertence. Dedique-se bastante tempo e não se deixe contagiar pela correria do dia a dia. Porém, se você tiver de se dedicar a algum assunto, faça-o com total atenção, sem se deixar pressionar ou influenciar pelos outros. Caso tenha de tomar uma decisão importante, deixe que o assunto amadureça até que você chegue a um posicionamento próprio e inequívoco. Meditar, dar um longo passeio a pé ou simplesmente contemplar um lago pode ajudá-lo a chegar a uma conclusão.

Como Carta do Ano: Agora o negócio vai ficar sério! Porém, no melhor sentido da expressão. Este ano que você tem à sua frente será de introspecção, no qual o que importa é ocupar-se seriamente consigo e com o mundo, para descobrir o que você verdadeiramente quer. Aproveite essa fase para repensar a sua vida. Analise até que ponto o conteúdo e a estrutura externa na sua vida profissional e particular ainda correspondem à sua essência e à sua maneira de ser. Quando não for o caso, tente descobrir o que deve ser modificado. Geralmente esse tipo de discernimento não é fácil de ser feito, mas você tem o ano inteiro para isso. Alguns dias de recolhimento em silêncio, por exemplo, em um convento, em uma ilha ou qualquer outro lugar afastado, favorecem essas percepções. De qualquer forma, você não deve entender mal essa carta e temer que tenha de passar o ano inteiro sozinho e solitário. O significado do EREMITA é ser autêntico e fiel a si mesmo, justamente também quando se está em contato com outras pessoas.

X
FORTUNA

Símbolos	Significado
Roda com dez raios	Estrutura, tempo e espaço, regularidade do nascimento e morte, perfeição
Roda celestial sem raios	Eternidade, relógio do destino cósmico, ciclo perpétuo
Estrelas amarelas	Símbolo celestial, esperança
Raios	Forças divinas, que podem atuar tanto de uma forma fecunda quanto destrutiva
Fundo violeta	Santidade, autoridade divina
Três figuras em cima da roda	Nascimento-vida-morte
Criatura com cabeça de macaco (Hermanubis) que se esforça para subir	Forças construtivas, espírito criativo, nascimento
Esfinge com espada	Criação, totalidade, vida
Criatura com cabeça de crocodilo (Tífon) pendurada para baixo	Forças aniquiladoras e destrutivas, morte
O Ankh e o bastão curvo nas mãos de Tífon	Símbolo da vida e símbolo de poder
Redemoinho de energia ao fundo	O efeito abrangedor da roda que gira por si mesma
Cabala: Kaph ב	Palma da mão
Astrologia: Júpiter ♃	Sorte, abundância, crescimento

Aspectos Gerais: Transformações, mudanças, recomeço, sorte, acontecimentos determinados pelo destino, missão na vida.

Vida Profissional: Ser guiado pelo destino, encontrar a sua vocação.

Plano da Consciência: Compreensão e aceitação de forças que são maiores que o ego humano.

Relacionamento: Desenvolvimento satisfatório no relacionamento, vínculo cármico, encontrar o parceiro certo, encontros marcados pelo destino, oportunidade de compreensão do padrão de relacionamento.

Encoraja a: Reconhecer o seu destino e fazer dele a sua missão de vida.

Alerta sobre: Resignação fatalista ao destino.

Como Carta do Dia: Existem dias nos quais temos de enfrentar situações e tarefas inevitáveis. Se você hoje tiver a impressão de que determinadas coisas simplesmente tomam um rumo próprio, não lute contra isso. Parta do princípio de que tudo tem a sua razão de ser, mesmo que o sentido esteja, no momento, oculto para você. Existem boas chances de tudo isso se revelar um caso de sorte no futuro.

Como Carta do Ano: Este ano trará sorte. O "x do problema" é que nem sempre compreendemos imediatamente o que nos faz bem; por isso, às vezes o destino precisa forçar-nos à nossa própria sorte. Como você vivenciará o tempo que está por vir, dependerá inteiramente da sua disposição em estar aberto ao aceno do destino. O sentido por trás disso tudo diz respeito a um caminho que corresponde à essência profunda do seu ser, porém que não é necessariamente como você imagina. Disso pode surgir um dilema. Nós sofremos por algo se desenrolar de uma forma diferente do que nós imaginávamos, e não reconhecemos que essa experiência era exatamente o que faltava para a nossa felicidade, por corresponder profundamente à nossa essência. Seria bom se você sondasse, com a ajuda da Astrologia, do Tarô ou do *I Ching*, a qualidade do tempo nos próximos meses, para descobrir em qual área da sua vida você deverá estar aberto para essas mudanças.

XI
A VOLÚPIA

Símbolos	Significado
Mulher nua de cabelos ondulados, recostada lascivamente	Êxtase sexual, paixão, entorpecimento, embriaguez divina, prazer em viver
Animal de sete cabeças semelhante a um leão	Impulso animal, instintividade, vitalidade, selvageria
Cálice de fogo em brasa (útero) do qual emanam raios de luz e serpentes	Energia sexual, vitalidade, morte e renascimento, destruição e renovação
Estrelas e rostos de santos no fundo violeta	Valores morais pisoteados
A Besta 666	Animal, mulher, estrelas caídas e santos pisoteados extraídos do Apocalipse de João, o qual descreve o Anticristo como a Besta 666, com a qual Crowley se identificava.
Cabala: Theth ט	Cobra
Astrologia: Leão ♌	Alegria de viver, vitalidade, coragem

Aspectos Gerais: Coragem, vitalidade, prazer em viver, intensidade, paixão, destemor.

Vida Profissional: Ânimo para o trabalho, engajamento, disposição para correr riscos, capacidade produtiva, motivação intensa, criatividade.

Plano da Consciência: Enfrentar a sua fera interior e domá-la carinhosamente.

Relacionamento: Relação intensa, ligação apaixonada, fascinação, excessos sexuais e excessos em geral.

Encoraja a: Entregar-se apaixonadamente a uma pessoa, a uma tarefa ou a uma experiência.

Alerta sobre: O perigo de seguir somente o princípio do prazer e passar por cima dos valores alheios.

Como Carta do Dia: Hoje será um dia agitado. Você se sentirá com vitalidade, repleto de energia e tão cheio de vontade de viver que não deverá se surpreender se for arrebatado por uma paixão. Isso não significa que você deva sair por aí tomando parte de alguma orgia, mas pode permitir-se uma maior dose de animação. Se você compartilhar esse prazer com outra pessoa ou empregá-lo em um processo criativo, poderá apreciar intensamente os seus aspectos fervilhantes e unificadores. Devido à sua energia e ao seu brilho intenso, você hoje superará obstáculos brincando e passará uma imagem atraente e convincente para as outras pessoas.

Como Carta do Ano: Este é um ano de paixões. Você pode sentir-se irresistivelmente atraído por alguém, entregar-se a uma tarefa de corpo e alma ou comprometer-se com determinado assunto. De qualquer maneira, você deve aproveitar essa força estimuladora e criativa para libertar-se de restrições sufocantes e estruturas ultrapassadas. Porém, não se surpreenda se, ao fazer isso, você entrar em conflito com princípios morais que até então lhe pareciam incontestáveis. Caso isso aconteça, avalie se se trata de valores verdadeiros ou apenas de formalidades vazias, das quais seria melhor libertar-se agora. Agindo assim, você poderá tornar este ano, no verdadeiro sentido da palavra, repleto de prazer.

XII
O PENDURADO

Símbolos	Significado
Figura nua, pendurada de cabeça para baixo	Impotência, posição de sacrifício, entrega incondicional
Pendurado pelo pé esquerdo	Ter caído inconscientemente nessa situação
Pernas cruzadas	Realidade terrena
Braços fazem alusão a um triângulo	Divindade
Cruz sobre triângulo	O Terreno sobre o Divino, o mundo às avessas, escurecimento da luz
Cabeça calva sem feições	Crise de identidade, perda do ego
Ankh com serpente da vida	Polo da vida, o fio da vida
Fundo verde-brilhante	Um fio de esperança
Serpente preta da morte abaixo da cabeça	Polo da morte, entregar-se ao inevitável
Figura pendurada de cabeça para baixo entre as serpentes	Estar dividido entre dois polos distintos
Grade azul quadriculada	Forma de viver limitada, estruturas de pensamento pouco inteligentes e compulsivas
Discos verdes	Misericórdia, salvação
Cabala: Mem מ	Água
Astrologia: Elemento Água ▽	Entrega, espiritualidade

Aspectos Gerais: Desgastar-se entre dois polos, dilema, prova de paciência, impotência, beco sem saída, aprendizado involuntário, crise de vida, pausa forçada, ter de fazer sacrifícios.

Vida Profissional: Trabalhos cansativos, falta de sucesso, planos arrastados, procura de trabalho que parece ser inútil, falta de perspectivas futuras, estar imobilizado sem saber o que fazer para prosseguir.

Plano da Consciência: Estar dividido entre contradições e reconhecer a saída em uma mudança de direção.

Relacionamento: Crise no relacionamento, esforços inúteis, mover-se em círculos, estar preso a um dilema do qual apenas se pode sair por meio do sacrifício de algo que até o momento é indiscutível.

Encoraja a: Dar uma virada e abrir-se a novas percepções.

Alerta sobre: Resignar-se, desistir de si mesmo ou persistir em algo obstinadamente por puro hábito.

Como Carta do Dia: Hoje a sua paciência vai ser colocada à prova. Talvez algo que já esteja emperrado há muito tempo continue a ser protelado ou algo com o qual você não contava, empaque repentinamente. Não tente solucionar o problema à força. Dessa forma, você iria somente atrapalhar ainda mais. Talvez seja suficiente apenas mudar a sua perspectiva para enxergar a situação sob um prisma completamente diferente. Se isso também não ajudar, você terá, quer queira ou não, de fazer algum sacrifício para que as coisas voltem a fluir.

Como Carta do Ano: Deixe que este ano se transforme em um ano de transição na sua vida. Você está perdido em um beco sem saída, e precisa, querendo ou não, retornar. Ainda que você se sinta preso e impotente a uma armadilha, não se deixe abater, senão entrará em uma crise ainda mais profunda. Tentar mudar a situação à força, tampouco ajudará. É como se você estivesse em areia movediça: quanto mais você se debater, mais afundará. Para que as coisas voltem a se movimentar, você precisará de muita paciência, de disposição para sacrificar velhos hábitos e de determinação para contemplar o problema com uma atenção especial, o tempo que for necessário, até que subitamente a solução se torne clara. Isto é, na verdade, bem simples. Pois, afinal, todas as soluções são simples, depois que nós finalmente as encontramos.

XIII

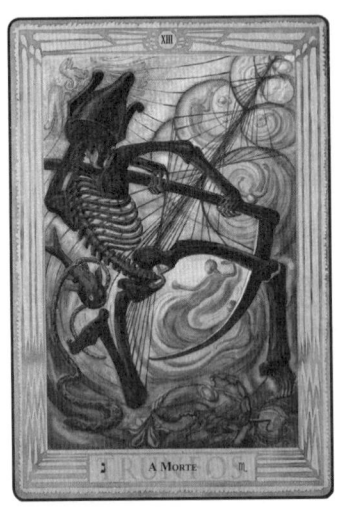

A MORTE

Símbolos	Significado
Esqueleto preto, que corta as linhas da vida com uma foice	Transitoriedade, fim, renúncia
Coroa de Osíris, deus egípcio dos mortos	Morte e renascimento
Posição dos ossos da perna em forma de portal	Portal para uma vida nova
Bolhas ascendentes contendo figuras azul-claras dançando	Ascendência para uma vida nova
Escorpião	Alusão à associação dessa carta com Escorpião, símbolo da morte e do nascimento
Flores de lótus e lírios murchos	Transitoriedade, processo de formação do húmus como condição para o surgimento de uma nova vida
Peixe e serpente	Morte e ressurreição
Águia	Transformação, libertação, superação da matéria
Cabala: Nun ג	Peixe
Astrologia: Escorpião ♏	Transformação, morte e nascimento

Aspectos Gerais: Despedida, fim natural, medo da vida, agarrar-se a algo inutilmente, ter de desprender-se, renúncia.

Vida Profissional: Término de uma atividade profissional, ter cumprido o seu trabalho, enterrar objetivos e projetos profissionais, aposentadoria.

Plano da Consciência: Confrontar-se com a sua própria efemeridade.

Relacionamento: Fim de um relacionamento, inìcio de uma mudança fundamental no relacionamento, despedida, medo da perda, sentimentos mortos.

Encoraja a: Desprender-se, deixar que algo chegue ao fim.

Alerta sobre: Dar passos que não levam a futuro algum.

Como Carta do Dia: Hoje algo chegará ao fim. Alguma coisa acabará ou perderá o prazo de validade. Talvez você esteja contente que "isso" tenha finalmente acabado, porém talvez seja difícil desprender-se de algo que provavelmente tenha significado muito para você no passado. De qualquer forma, você pode acreditar que é chegada a hora de dizer adeus. Não tente preservar algo que já tenha acabado. Quando você realmente tiver se desprendido, irá se sentir finalmente livre e aliviado, mesmo que isso no momento pareça difícil de imaginar.

Como Carta do Ano: Este ano pode significar um momento decisivo na sua vida. É chegada a hora de dizer adeus a tudo que já tenha acabado ou que tenha o conteúdo e a forma desgastados, para abrir assim espaço para o desenvolvimento de novos processos. Portanto, desprenda-se de tudo aquilo que você talvez há tempos já tenha percebido, que mesmo o maior dos esforços não trará resultado. Deixe maus e nocivos hábitos definitivamente para trás e despeça-se de tudo que já não lhe faz bem. Quanto mais consciente e determinado você estiver para se libertar de estruturas ultrapassadas, mais rapidamente surgirá uma nova fase. Se essa experiência for acompanhada de uma despedida dolorosa ou o medo do desconhecido, você deve encará-los de frente, sem tentar heroicamente reprimir ou menosprezar esses sentimentos humanos.

XIV
A ARTE

Símbolos	Significado
Alquimista como uma pessoa de duas cabeças e dois sexos (andrógino)	Junção das partes feminina e masculina, equilíbrio
Corpo com vários seios	Força nutriz
Traje verde com abelhas	Naturalidade, fertilidade
Mistura do fogo (enxofre) com a água (mercúrio)	A Arte Alquímica de unir os opostos
Caldeirão dourado, com caveira e corvo	Apodrecimento e morte como processos de fermentação necessários para uma vida nova
Leão branco e águia vermelha	A inversão da realidade "normal"[40]
Corrente de luz com as cores do arco-íris e seta que ascende do caldeirão	Energia liberada, despertar do espírito, conhecimento que jorra para a superfície
Arco solar com inscrição em latim: *"Visita interiora terrae rectificando invenies occultum lapidem"*	A solução universal: "Visita o interior da terra e, retificando, encontrarás a pedra oculta"
Cabala: Samekh ס	Suporte, fundamento
Astrologia: Sagitário ♐	Força que impele na direção do Supremo

---

40. Normalmente, o leão é vermelho e a águia é branca, como na carta OS AMANTES.

Aspectos Gerais: Encontrar a medida certa, equilíbrio de forças, harmonia, relaxamento, superação dos opostos, cura.

Vida Profissional: Encerrar conflitos, cooperação agradável e produtiva, mover-se para a frente, dissolver contradições e resistências, encontrar o equilíbrio entre trabalho e tempo livre.

Plano da Consciência: Dominar as tensões interiores e encontrar a saída para um dilema aparentemente indissolúvel.

Relacionamento: Harmonia verdadeira, relação tântrica, vínculo profundo, conciliação bem-sucedida de interesses, convivência com direitos iguais, "a mistura certa".

Encoraja a: Dar o melhor de si para superar contradições e diferenças.

Alerta sobre: Tomar cuidado para não subestimar a dificuldade do propósito e a dimensão do problema.

Como Carta do Dia: Você possui hoje a habilidade para realizar com sucesso uma mistura extraordinária, uma criação notável. Você poderá unir pessoas, descobrir uma forma hábil de solucionar um problema ou criar uma receita requintada. Esse também é o dia perfeito para iniciar um vínculo profundo, contornar uma situação incômoda ou dissolver tensões.

Como Carta do Ano: Este é o ano da Grande Obra. Assim os alquimistas chamavam a união bem-sucedida de opostos. Caso você esteja vivenciando uma contradição torturante, sentindo-se dividido entre dois extremos, impotente e preso a um dilema ou duas almas dentro de seu peito que ameacem dilacerá-lo, você poderá encontrar de fato, neste ano, a solução que até agora parecia impossível, a mistura certa. A condição para esse artifício é a disposição de ir ao fundo o quanto for necessário e não se prender a superficialidades, a coisas aparentemente evidentes e a convenções sociais. A libertação de um campo de tensão insuportável não é apenas um dos momentos mais felizes na vida, como também, muitas vezes, o passo decisivo para a cura. Transforme este ano em uma grande obra de arte.

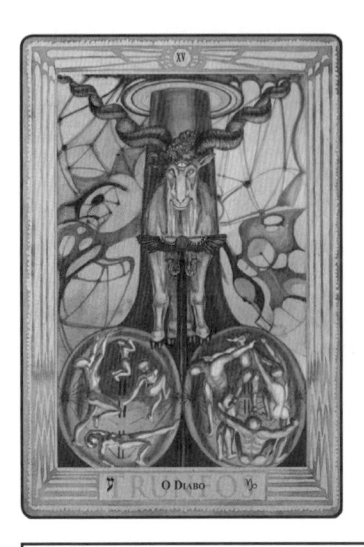

XV
O DIABO

Símbolos	Significado
Bode com um sorriso e chifres espiralados e o terceiro olho	Pã, o deus da natureza, o oniparente, natureza instintiva e impulsiva
Coroa de flores de Lótus	Identifica quem a usa como o filho do bem
Testículos transparentes contendo sêmen com formas humanas	Forças procriadoras, que descansam e amadurecem nas profundezas
Raiz com forma semelhante a um falo, que desemboca em um anel azul, o colo da rainha do céu	Seivas da vida, que ascendem das profundezas
Bastão com um disco solar alado (que se encontra na carta do MAGO no lugar mais alto), que emerge das profundezas	A Luz como filha das Trevas
Textura acinzentada, como uma teia de aranha	Grilhões do submundo, perfídia, perigo de envolvimento
Cabala: Ayin ע	Olho
Astrologia: Capricórnio ♑	Signo da maior escuridão* durante o ano, o solstício de inverno** no qual o sol renasce.

*N.T.: Na perspectiva do hemisfério norte, onde o livro foi escrito, o signo de Capricórnio está no período do inverno.
**N.T.: No hemisfério sul, o solstício de verão ocorre durante o signo de Capricórnio, e o de inverno, durante o signo de Câncer, ao contrário do hemisfério norte. Essa perspectiva diferente não interfere, contudo, na interpretação dessa carta.

Aspectos Gerais: Sombra, impulsividade, excessos, cobiça, sede de poder, tentação, forças inconscientes.

Vida Profissional: Atividades proibidas, corrupção, exploração, intrigas, manobras não transparentes, aproveitar-se de relações de dependência, negócios obscuros.

Plano da Consciência: Confrontar-se com a sua própria sombra.

Relacionamento: Paixão profunda, pacto de amor, ligação cármica, envolvimento emocional, magia do amor, fascinação, concupiscência, luta pelo poder, ódio, servidão, projeções.

Encoraja a: Iluminar a escuridão.

Alerta sobre: O poder destrutivo de impulsos naturais quando são reprimidos.

Como Carta do Dia: Sem querer fazer com isso uma previsão assustadora, pode ser que você hoje se confronte com o seu lado sombrio. Talvez se deixe seduzir a dar um passo impensado ou caia na tentação de agir contra seus princípios. Também podem vir à tona sentimentos sobre os quais você não fazia a mínima ideia ou talvez acreditasse já ter superado há muito tempo, como inveja, ciúme, avidez ou sede de poder. Aborrecer-se ou colocar a culpa nos outros ajudará tão pouco quanto tentar controlá-los. Aproveite a oportunidade para iluminar a escuridão, tomando consciência de facetas que não o agradam e pesquisando as suas motivações secretas.

Como Carta do Ano: Neste ano, você deve arrumar o seu porão. Ao fazê-lo, algumas coisas que você desconhecia virão à tona e outras, sobre as quais você tinha uma vaga ideia, irão tornar-se subitamente claras. Obviamente, "porão" aqui significa o lado escuro do nosso ser, aquele que, de vez em quando, impele-nos a fazer coisas contrárias aos nossos princípios, e depois nos faz pensar que estávamos com o diabo no corpo. Nos próximos 12 meses, você terá oportunidades suficientes para conhecer melhor esse seu lado sombrio. Tudo o que você terá a fazer é parar de procurar por um bode expiatório e questionar a razão de se encontrar nessas situações endiabradas. Tome consciência da sua predisposição. Aprenda a conhecer os lados negativos e renegados do seu ser, pois, enquanto eles estiverem reprimidos, poderão aliar-se a forças externas e enfraquecê-lo. Dê a esses seres das sombras o espaço devido e descubra onde e quando você poderá vivenciar essas tendências de maneira cautelosa e suportável no futuro.

XVI
A TORRE

Símbolos	Significado
Torre de pedra com grades nas portas e nas janelas	Personalidade endurecida, consciência incrustada, conceitos rígidos de segurança, prisão
Garganta do mundo das trevas expelindo chamas	Transformação proveniente das profundezas
Muros desmoronando	Estruturas em rompimento, queda
Figuras de formas angulares em queda	Libertação ousada, ou possivelmente até perigosa, de almas enrijecidas pela prisão
Olho de Shiva radiante	Força destrutiva
Pomba com ramo	Salvação, nova esperança
Abraxas, a serpente com cabeça de leão	União entre a luz e as trevas, talismã
Fundo negro	Destruição, caos, infortúnio, escuridão
Cabala: Pé פ	Boca
Astrologia: Marte ♂	Força guerreira, destruidora, abaladora

Aspectos Gerais: Compreensão súbita, transformação, ruptura, libertação, golpe do destino.

Vida Profissional: Demissão, falência, mudança radical, demonstração de força.

Plano da Consciência: Reconhecer suas próprias ideias fixas e romper com noções ultrapassadas que se tornaram limitantes.

Relacionamento: Separação repentina, explosão de sentimentos, rompimento de um vínculo limitante, tempestades purificadoras no relacionamento.

Encoraja a: Romper com amarras limitantes.

Alerta sobre: Riscos e perigos imprevisíveis, que trazem consigo uma transformação radical.

Como Carta do Dia: Hoje não será, certamente, um dia monótono. Conte com uma surpresa que poderá ser vivenciada como algo positivo, ou como um distúrbio intenso que destruirá expectativas concretas. Mesmo que você se chateie ou sofra hoje, quando algo não correr como você esperava — o que é perfeitamente compreensível —, mantenha em mente que essa carta indica o rompimento com um ambiente sufocante ou a libertação de uma ideia fixa. No futuro, ao olhar para trás, você não lamentará o que hoje não deu certo.

Como Carta do Ano: Este ano que está à sua frente poderá se tornar o ano da sua libertação, se você tiver a coragem necessária. Por isso, deixe que uma bomba caia e destrua os limites que se tornaram muito estreitos para você. Ouse romper com noções, estruturas ou formas de vida estreitas, que o mantêm prisioneiro. Leve em consideração que, em situações nas quais você esteja resistindo a transformações, correndo atrás de ideias fixas ou agarrando-se a velhos hábitos, uma mudança no seu modo de pensar talvez seja necessária. Portanto, analise em que você está sendo parcial, olhando as coisas sob um prisma muito estreito ou a quais garantias aparentes você está agarrando-se. Se você observar que disso surgem conflitos, desprenda-se desses conceitos; pois quanto mais você lutar por eles, com mais intensidade forças externas o obrigarão a desistir. Não considere essas mudanças como um golpe do destino sem sentido, mas sim como uma correção de rumo necessária e uma ruptura decisiva para o seu crescimento futuro.

XVII
A ESTRELA

Símbolos	Significado
Figura de mulher azulada nua	Nut, a Senhora das Estrelas
Cabelo comprido	Vitalidade, inspiração, ligação entre o Cosmos e a alma
Cálices dourado e prateado	Sol (espírito) e Lua (alma) como fontes da água celestial
Água corrente	Purificação, fertilidade, energia vital
Esfera celeste com estrela de sete pontas	Vênus, símbolo da força do amor
Cor lilás-clara	Inteligência cósmica
Estrela grande com névoa em forma de espiral	Estrela de Babalon, fonte de luz espiritual, amor divino
Estrela azul pequena	Amor terreno
Cristais	Proteção, energia curadora, clareza cristalina
Rosas	Amor, fertilidade
Borboletas	Renovação, leveza
Cabala: Hé ה	Janela
Astrologia: Aquário ♒	Perspicácia, perspectiva ampla, visão

Aspectos Gerais: Boas perspectivas, esperança, confiança no futuro, harmonia, orientação superior.

Vida Profissional: Projetos muito promissores, mudança de profissão, seguir a sua vocação, o começo de uma carreira com grandes perspectivas.

Plano da Consciência: Profunda compreensão e confiança nas leis do Cosmo.

Relacionamento: Ligação com boas perspectivas, planos para um futuro comum, encontro que traz muitas esperanças, amor inspirador.

Encoraja a: Confiar na favorabilidade do momento e olhar com esperança para o futuro.

Alerta sobre: Ocupar-se demais com o futuro e, com isso, perder o presente.

Como Carta do Dia: Alegre-se por este dia, pois ele será regido por uma boa estrela. Deixe-se inspirar por um sonho de futuro. O que for começado agora promete decorrer satisfatoriamente, mesmo a longo prazo, pois hoje você terá o instinto necessário para enfrentar o que virá pela frente. Caso não esteja planejando nada de novo, também valerá a pena restaurar algo antigo. Você se surpreenderá com o que encontrará por baixo das camadas deixadas pelo tempo. Às vezes, as lembranças também nos conduzem a novas visões.

Como Carta do Ano: Este ano encontra-se sob uma boa estrela, no melhor sentido da expressão. Faça planos para o futuro e ouse agora um novo começo, no qual você aposte em metas a longo prazo. É chegado o momento para novas esperanças e visões direcionadas para o futuro, principalmente se você tiver acabado de passar por uma crise ou uma fase difícil. Isso não diz respeito apenas ao âmbito do amor e relacionamentos, mas principalmente a eles. Tire os velhos escombros do caminho, lave suas feridas com uma água curadora e observe a situação de um posto mais elevado, por assim dizer, pela perspectiva de um passarinho, por cima. Você verá quão agradável são as perspectivas e quão promissoras as possibilidades. Aproveite este ano também para uma purificação interior e para o seu crescimento espiritual. Sintonize a sua vida em harmonia com a ordem cósmica.

XVIII
A LUA

Símbolos	Significado
Duas torres de guarda negras	Portal do medo, passagem estreita, portal para o renascimento
Caminho entre as torres	Caminho que leva à totalidade
Duas figuras com cabeças de chacal acompanhadas de cachorros negros	Guardiões do umbral, vigias insubornáveis que só deixam passar aquele que não possui defeitos
Escaravelho com o Sol	Ressurreição, despertar da consciência, nascer do Sol
Montanhas azul-celeste	Coxas da deusa do céu Nut que, por meio de sua vagina, dá à luz o Sol todas as manhãs
Meia-lua voltada para baixo	Energias lunares maléficas, como alienação mental, obsessão
Nove gotas de sangue em forma da letra hebraica ׳ Yod	Forças ambivalentes, que provêm da lua minguante
Curvas oscilatórias no âmbito do inconsciente	Sonhos como potencial criativo
Cabala: Koph ק	Parte de trás da cabeça
Astrologia: Peixes ♓	O último dos signos zodiacais, que conduz ao renascimento do ano

Aspectos Gerais: Medo do limiar que antecede um passo importante, incertezas, pesadelos, nervosismo, lembranças ameaçadoras, pressentimentos sombrios.

Vida Profissional: Fase crítica, insegurança no emprego, medo de fracasso, intrigas, fraude, medo de provas.

Plano da Consciência: Compreender o significado orientador do medo.

Relacionamento: Circunstâncias confusas, relacionamento não confiável ou sinistro, ciúme corrosivo, incertezas, medo de dar um passo importante.

Encoraja a: Ultrapassar o limiar do medo para alcançar terras novas que se encontram por trás dele.

Alerta sobre: Perder-se no escuro, esconder-se por trás de ilusões e estados de embriaguez e fracassar ao tentar ultrapassar o umbral.

Como Carta do Dia: Talvez você já tenha hoje acordado de um pesadelo, ou tenha, por outras razões, uma sensação estranha com relação a este dia. Porém, não se deixe irritar por nenhum fantasma. Ainda que você se sinta pressionado ante as exigências do dia ou o ambiente à sua volta o faça sentir-se inseguro, você não deve se desviar do seu caminho. Tome consciência de que uma experiência importante e enriquecedora o espera por trás da barreira do medo, mas você só poderá chegar até ela se conseguir superar esse obstáculo. Por isso, vá ao encontro do dia o mais acordado possível e siga o seu caminho cautelosa e prudentemente, apesar de todo o medo. Você irá espantar-se com o que alcançará por meio disso.

Como Carta do Ano: O que importa este ano é passar pelo momento difícil ou, apesar de todas as contrariedades, colaborar para o nascimento de um processo importante. Se o empreendimento for bem-sucedido, o resultado trará muita felicidade. Porém, o caminho que leva até lá não é fácil e é, em grande parte, tomado pelo medo. Não deixe que esses medos o perturbem, mesmo que fantasmas surjam sorrateiramente à noite e o atormentem com pesadelos. Ainda assim, você não se deve deixar intimidar. Por outro lado, não seria inteligente menosprezar ou tentar amenizar as dificuldades que estão relacionadas com os seus planos. Leve os riscos a sério, sem se deixar desanimar. Pense exatamente naquilo que você quer fazer e dê um passo atrás do outro com determinação, sem deixar que isso se transforme em uma marcha forçada, e sem bancar o herói.

XIX
O SOL

Símbolos	Significado
Sol radiante	Alegria de viver, superação de medos e preocupações, clareza
No centro, rosa solar desabrochando (Sol)	União do princípio masculino com o princípio feminino (rosa)
Crianças gêmeas, com asas de borboletas, dançando	Leveza, alegria espontânea, superação dos opostos, "confraternização" interior
Rosas-cruzes aos pés das crianças	Harmonia entre a consciência divina e a existência terrena
Elipse com as cores do arco-íris contendo os signos zodiacais	Perfeição, a totalidade, harmonia entre o consciente e o inconsciente
Montanha verde	Montanha do paraíso, solo fértil
Muro vermelho	O cume da unidade está próximo, mas ainda não foi alcançado
Cabala: Resh ר	Cabeça
Astrologia: Sol ☉	Ânimo de vida, confiança

Aspectos Gerais: Alegria, desfrutar o lado ensolarado da vida, renascimento, vontade de viver, êxito, desenvolvimento pessoal, direcionar-se para um ponto culminante.

Vida Profissional: Sucesso, superar as dificuldades, força de persuasão, criatividade, alegria no trabalho, ótimas perspectivas para planos futuros, boa cooperação, autorrealização.

Plano da Consciência: Encontrar alegria de viver no estado de despreocupação original.

Relacionamento: Desfrutar o amor, reconciliação, recomeço, tempos felizes, confiança profunda, mimar um ao outro generosamente.

Encoraja a: Empenhar-se em alcançar o ápice, o topo, um objetivo elevado, com confiança e firmeza.

Alerta sobre: Superestima ingênua de si mesmo, leviandade ou desgaste de forças.

Como Carta do Dia: Hoje é um dia ensolarado, que deve ser apreciado em toda a sua plenitude ou mesmo vivendo-o despreocupadamente ou comemorando algum triunfo pessoal. Você se sentirá hoje tão autoconfiante e fortalecido que será capaz até de ousar algo novo. Com a sua energia positiva e a sua atitude soberana, você será capaz de motivar e conquistar as pessoas à sua volta. Banhe-se na luz do seu sucesso e permita algo de bom a si mesmo e aos outros à sua volta.

Como Carta do Ano: Neste ano, você vai passear pelo lado ensolarado da vida. Aquilo que tem atormentado você com medos e incertezas sobre si mesmo pertence agora ao passado. Em vez disso, você desenvolverá esperança, alegria de viver, confiança em si próprio e sentirá prazer em ser o centro das atenções. Você será presenteado pela vida com abundância e agirá, em consequência disso, calorosa e generosamente com as pessoas à sua volta. A sua franqueza lhe trará muita simpatia e o ajudará a alcançar sucesso e realização tanto na vida profissional quanto na particular. Se você não se deixar ofuscar e se alegrar por tudo isso com gratidão, não correrá o perigo de tornar-se presunçoso ou arrogante por ser tão iluminado pela luz solar.

XX
O AEON*

Símbolos	Significado
Corpo de uma mulher de cor azul, curvado em forma de um útero	Nut, deusa egípcia do céu, que à noite engole o Sol e pela manhã o dá à luz outra vez
Esfera de fogo alada e vermelha	Hadit, o companheiro da deusa do céu
União de Nut e Hadit	O surgimento da Nova Era, da qual Hórus, visto como uma divindade dupla, é o representante
Hórus, o deus do Sol como uma figura dupla	Aspectos extrovertidos e introvertidos da força solar
Hórus adulto ao fundo, o deus falcão coroado, sentado no trono do faraó	Poder consolidado, brilho exterior, grandeza
Hórus criança (Harpocrates) no primeiro plano com um cacho do lado da cabeça e a serpente Ureus	A força jovem, ainda terna e não utilizada; superação de velhas estruturas
Dedo indicador levado à boca	Iniciação pelo silêncio
Letra hebraica Shin ש, na qual se encontram figuras humanas	A criança, o adulto e o velho; isso significa que todas as fases da vida participam da Nova Era
Cabala: Shin ש	Dente
Astrologia: Elemento Fogo △	Energia purificadora e confiante

*N.E.: Imagem arquetípica do renascimento.

Aspectos Gerais: Transmutação, recomeço, esperança, encontrar a si mesmo, desenvolvimento espiritual.

Vida Profissional: Passos direcionadores, reorganização, abrir-se para novos métodos de trabalho, aperfeiçoamento, trazer um espírito novo para a vida profissional.

Plano da Consciência: Deixar-se envolver pelo espírito de uma Nova Era.

Relacionamento: Experimentar caminhos novos, impulsos estimulantes, renovação de relacionamentos existentes, novo amor, crescimento.

Encoraja a: Abrir-se para um novo processo e levá-lo cuidadosamente adiante.

Alerta sobre: Subestimar as dificuldades iniciais.

Como Carta do Dia: Hoje você deve dar uma nova ênfase à sua vida. É indiferente se isso será feito no âmbito da aparência externa ou com relação a coisas fundamentais do seu cotidiano e do ambiente à sua volta. Deixe velhos hábitos para trás e permita que novos ventos soprem por sobre os campos empoeirados. Não se prenda a tradições ultrapassadas e não aposte mais nas coisas aparentemente já comprovadas; em vez disso, abra-se para novas evoluções e tendências atuais, às quais o futuro pertence.

Como Carta do Ano: A partir deste ano, será iniciada uma era inteiramente nova na sua vida. Isso pode significar tanto a descoberta e o desenvolvimento de interesses e habilidades até então ocultos como uma evolução decisiva e ampliadora da consciência ou uma mudança concreta no âmbito pessoal. Você poderá mudar de residência ou até mesmo emigrar, direcionar-se para novas atividades profissionais ou unir-se a pessoas interessantes e abertas, que estejam entrando agora na sua vida. Mantenha-se aberto para esse capítulo direcionador da sua história de vida, que o conduzirá para um novo futuro. No início dessa fase de transição, deixe velhas estruturas para trás e não exija demais de si mesmo, tendo expectativas grandes demais. Cuide cautelosamente da semente do novo, dando-lhe tempo e espaço necessários para que cresça saudavelmente.

XXI
O UNIVERSO

Símbolos	Significado
Deusa virgem dançante	Alegria de viver, força geradora de vida
Serpente	Vida (caduceu), morte (serpente do paraíso) e regeneração
Dança	Superação da inimizade entre a serpente e a mulher, que foi imposta pelo pecado original e pela maldição divina
Olho radiante	Lei cósmica, conhecimento
Vulva cósmica aberta	Origem de toda criação
Solo original verde	Fertilidade, esperança
Anel estrelar composto de 72 círculos	A totalidade da criação, estrelas = universo; 72 é o número simbólico de "todos os povos"
Esboço de um templo (na parte inferior)	Planta da criação
Quatro querubins que jorram água pela boca	A vivacidade da criação
No centro, indicação de uma roda	Início da árvore (cabalística) da vida
Cabala: Tau ת	Símbolo da cruz
Astrologia: Saturno ♄	A estrutura da realidade

Aspectos Gerais: Conclusão, alegria de viver, estar no lugar certo, estar centrado em si mesmo, realização, retorno ao lar, reconciliação.

Vida Profissional: Alegria por realizar um trabalho, encontrar a sua vocação, alcançar uma meta, ser criativo e ter entusiasmo.

Plano da Consciência: Contemplar o todo, no qual o início e o fim formam uma unidade.

Relacionamento: Amor incondicional e repleto de entusiasmo, reconciliar-se, fusão e realização sexual, encontrar o parceiro certo.

Encoraja a: Ocupar o seu lugar e alegrar-se por sua vida.

Alerta sobre: Acreditar já ter chegado definitivamente ao seu objetivo.

Como Carta do Dia: Hoje você se sentirá cheio de vida, em comunhão consigo e com o mundo. Ou as coisas estão andando da forma como você desejou, ou você não se está deixando afetar por possíveis interferências. Desfrute esse dia deixando a sua alma balançar-se e saboreando inteiramente esse sentimento paradisíaco. Você poderá também aproveitar a oportunidade para dissolver hostilidades. Mostre-se reconciliador e promova a paz. Isso irá preenchê-lo com uma imensa alegria.

Como Carta do Ano: Neste ano, você terá a chance de encontrar o seu lugar neste mundo, um lugar cheio de felicidade e alegria de viver. Se isso significa encontrar o seu verdadeiro lar ou, no sentido figurado, encontrar uma amizade ou uma ligação amorosa na qual você se sinta emocionalmente protegido, é indiferente. Você irá desfrutar inteiramente desse "encontro". Também poderá tratar-se de um passo para a conscientização, que o conduzirá para a sua pátria espiritual, no centro de sua alma. Como em um quebra-cabeça, cada parte de sua vida encaixar-se-à uma à outra harmonicamente, e aos poucos você reconhecerá uma imagem global que faça sentido. Essa ordem também se refletirá no seu cotidiano por meio de um sentimento de harmonia consigo mesmo e com o mundo.

AS 56 CARTAS DOS ARCANOS MENORES

ÁS DE BASTÕES

Símbolos	Significado
Tocha de fogo	Força criadora, potência sexual, luminosidade
Dez labaredas	O Ás contém o potencial de todas as dez cartas da série de bastões
Raios verdes	Descarga de energia, alta-tensão, surpresa, esperança
Fundo vermelho	Temperamento, impulso de vida
Elemento e número	Chance (Ás = 1) de desenvolvimento pessoal (Fogo)
Astrologia: Signos do Elemento Fogo: Áries (♈), Leão (♌), Sagitário (♐)	Iniciativa (♈), alegria de viver (♌), crescimento (♐)

Aspectos Gerais: Recomeço repleto de esperanças, iniciativa, força de vontade, determinação, ideia empolgante, impulso criativo, chance de desenvolvimento pessoal, inflamar-se por alguma coisa.

Vida Profissional: Desejo de realizar novos projetos, tornar-se autônomo, vontade de arriscar-se, crescer com um desafio.

Plano da Consciência: Reconhecer que o desenvolvimento pessoal requer disposição para correr riscos.

Relacionamento: Novo começo, revitalização, arder de amor, encontros tempestuosos, sexualidade apaixonada.

Encoraja a: Tomar iniciativa e seguir decididamente em frente.

Alerta sobre: Impetuosidade, impaciência e arrogância.

Como Carta do Dia: Hoje você terá a energia necessária para começar algo novo ou dar um novo impulso a algo que já esteja em andamento. Você enfrentará os desafios deste dia com autoconfiança e entusiasmo. A sua energia contagiante não passará despercebida pelos outros a sua volta e poderá até proporcionar momentos emocionantes no âmbito dos relacionamentos pessoais. Prepare-se para surpresas, esteja aberto a impulsos e aproveite as chances que forem oferecidas.

DOIS DE BASTÕES
DOMÍNIO

Símbolos	Significado
Dois "dorjes", símbolos tibetanos do trovão, cruzados	Poder divino, que destrói e constrói
"Dorje" como símbolo fálico	Energia sexual procriadora e agressiva
Máscaras demoníacas	Dominação do medo
Par de serpentes	Destruição e renovação
Seis labaredas	Força de vontade que se incendeia pelo atrito
Elemento e número	Atrito (2) entre forças de polaridade contrária (Fogo)
Astrologia: Marte (♂) em Áries (♈)	Força do ego, energia (♂) em impulsão (♈)

Aspectos Gerais: Combatividade, coragem, prazer em correr riscos, força de vontade, inflamar-se por alguma coisa, impor-se espontaneamente, avanço de uma forma forçada, falta de consideração.

Vida Profissional: Espírito competitivo e rivalidade, desafio profissional, disposição acentuada em assumir riscos, agir com engajamento.

Plano da Consciência: Reconhecer os processos destrutivos como condição necessária para chegar a uma fase produtiva.

Relacionamento: Desejos de conquista, atmosfera inflamada, jogo tenso entre forças dominadoras e submissas, atitudes machistas.

Encoraja a: Arriscar, impor ou conquistar alguma coisa.

Alerta sobre: Valentia desconsiderada, ações destrutivas, demonstrações vazias de poder.

Como Carta do Dia: Hoje ninguém será capaz de segurar o seu impulso de seguir em frente. Você será capaz de remover radicalmente os obstáculos do seu caminho. Mas, se você esforçar-se exaustivamente para alcançar os seus objetivos, poderá estar no final totalmente exaurido e de mãos vazias. Não tente fazer a sua vontade prevalecer a qualquer custo. Em vez disso, direcione a sua energia que emana do Elemento Fogo para objetivos que valham a pena ou procure uma outra válvula de escape para a força que está sobrando dentro de você. Gaste sua energia, por exemplo, praticando esportes exaustivos ou participando de competições esportivas.

TRÊS DE BASTÕES
VIRTUDE

Símbolos	Significado
Três bastões com lótus amarelos desabrochando	Energia vital que desabrocha, luz do Sol
Estrela de fogo branca com dez raios no centro	Grande força criadora e estimuladora de crescimento, pureza
Fundo amarelo-alaranjado	Luz do amanhecer, nascer do Sol, brilho
Elemento e número	Desenvolvimento (Fogo) intenso (3)
Astrologia: Sol (☉) em Áries (♈)	Autoconfiança, estar centrado em si mesmo, energia vital (☉) em conexão com o espírito pioneiro e o impulso de seguir em frente (♈)

Aspectos Gerais: Base saudável, confiança, sucesso, espírito empreendedor, vitalidade.

Vida Profissional: Contatos benéficos, vínculos comerciais promissores, perspectivas favoráveis, avanço propício, apoio.

Plano da Consciência: Tornar-se consciente de suas possibilidades e desenvolver autoconfiança.

Relacionamento: Vontade de curtir a vida, atar laços de ternura, vínculo promissor, convivência excitante, harmonia.

Encoraja a: Olhar confiante para o futuro e seguir novas metas.

Alerta sobre: Ultrapassar impetuosamente os limites.

Como Carta do Dia: Desfrute da atmosfera primaveril deste dia, não importa em qual estação do ano você esteja. Sacuda os pensamentos tristes para longe e presenteie-se com um ramalhete de flores. Caso você ainda não esteja comprometido, sentir-se-à agora intensamente preparado para um novo amor. Hoje talvez surja uma oportunidade para uma paquera. Porém, mesmo sozinho, você vivenciará este dia como sendo extremamente benéfico.

QUATRO DE BASTÕES
CONCLUSÃO

Símbolos	Significado
Círculo amarelo com quatro bastões cruzados sobre o Sol com oito chamas	Aspiração (8) do Terreno (4 e Cruz) pelo Divino (Círculo), perfeição (Círculo) e ao mesmo tempo limitação (Cruz) da força criadora (Sol)
Cabeça de carneiro (guerra) e pomba (paz) na ponta dos bastões	Equilíbrio de forças contrárias, convivência harmoniosa
Fundo verde-escuro	Prosperidade, naturalidade, prazer de viver
Elemento e número	Vontade (Fogo) inabalável (4)
Astrologia: Vênus (♀) em Áries (♈)	Charme e boa vontade (♀) em conexão equilibrada com prazer em lutar e desejo de conquista (♈)

Aspectos Gerais: Ordem e harmonia, dinâmica equilibrada, autoconfiança, equilíbrio.

Vida Profissional: Distribuição de lucros, ser pago por um trabalho realizado, resultados visíveis, espírito de grupo dinâmico, eficiência.

Plano da Consciência: Percepção da totalidade que engloba contradições e opostos.

Relacionamento: Ser complementado pelo parceiro, convivência harmoniosa, solução de conflitos, encontros enriquecedores, realização sexual, dinâmica saudável na relação.

Encoraja a: Encontrar a medida certa entre condescendência e intransigência.

Alerta sobre: Abdicar até de discussões sadias em prol do estabelecimento de uma harmonia.

Como Carta do Dia: Tudo o que você começar hoje terá boas chances de ser concluído favoravelmente. Você conseguirá até apaziguar diferenças aparentemente intransponíveis e isso o preencherá com uma profunda satisfação. Você estará disposto a fazer acordos, sem que precise, para isso, perder de vista os seus interesses. Se por acaso você estiver há algum tempo evitando fazer algo um tanto desagradável, como, por exemplo, dar um telefonema difícil, hoje poderá realizar essa tarefa com sucesso.

CINCO DE BASTÕES
DISPUTA

Símbolos	Significado
Bastão em posição vertical com símbolo real do antigo Egito	Poder máximo
Flores e asas de cor violeta	Força espiritual
Dois bastões cruzados com cabeças de Fênix	Energia criativa e purificadora
Dois bastões cruzados com flores de lótus	Força receptiva, fertilidade
Estrela com dez chamas	Calor que se nutre do atrito de energias contrárias
Fundo amarelo-ensolarado	Busca pela Luz
Elemento e número	Desafio (5) para uma competição (Fogo)
Astrologia: Saturno (♄) em Leão (♌)	Coragem (♌) para assumir responsabilidades (♄) e desenvolvimento pessoal (♌) perseverante (♄)

Aspectos Gerais: Medir forças, ambição, impetuosidade, desafio, ultrapassar limites.

Vida Profissional: Concorrência, interesses comerciais diversos, disputar ou defender cargos com persistência, engajamento ambicioso, conquistar "terras novas".

Plano da Consciência: Discutir pontos de vista controversos para encontrar a melhor solução.

Relacionamento: Chegar a um consenso apesar das diferenças, entrar em atrito, conciliar incompatibilidades.

Encoraja a: Ousar algo novo e entrar em uma competição.

Alerta sobre: Possuir uma ambição desenfreada e tentar impressionar os outros com arrogância.

Como Carta do Dia: Este dia promete ser bem agitado. Alguém poderá cruzar o seu caminho, acarretando um choque de interesses. Não fuja do conflito, agarre o touro pelos chifres e demonstre claramente que você está no páreo. Se agir com justiça, e além disso com empenho total, você terá boa chance de encontrar uma solução satisfatória. Mesmo que hoje você tenha de lidar com burocratas, não hesite em mostrar o seu lado combativo.

SEIS DE BASTÕES
VITÓRIA

Símbolos	Significado
Cabeças de Fênix	Força criadora
Flores de lótus	Energia receptiva
Discos solares alados com serpentes	Símbolo de domínio equilibrado
Pares de bastões cruzados harmoniosamente, com chamas ardentes nos pontos de interseção	Energia estabilizada, o ponto culminante
Fundo em tom lilás	Verdade, magnanimidade
Elemento e número	Luta (Fogo) bem-sucedida (6)
Astrologia: Júpiter (♃) em Leão (♌)	Plenitude, riqueza, sucesso (♃) em conexão com autoconfiança, desenvolvimento pessoal, força, triunfo (♌)

Aspectos Gerais: Recompensa por serviços prestados, boas notícias, otimismo, vitória.

Vida Profissional: Reconhecimento, sucesso encorajador, conclusão bem--sucedida, bons negócios, impulso na carreira, aumento de salário, condecoração.

Plano da Consciência: Desenvolver otimismo na vida.

Relacionamento: Superação de dificuldades, desabrochar de um relacionamento caloroso, perspectivas agradáveis.

Encoraja a: Ter confiança de que tudo dará certo.

Alerta sobre: Vangloriar-se do seu próprio sucesso com ar de menosprezo pelos outros.

Como Carta do Dia: Você tem motivos suficientes para alegrar-se, pois hoje é o seu dia de sorte! Uma boa notícia está no ar. Principalmente se você passou agora por uma fase cansativa, perceberá como tudo tomará um impulso e se desenvolverá rapidamente. Reconhecimento e uma recompensa adequada o aguardarão agora em todos os lugares em que tenha prestado bons serviços. Desfrute do seu triunfo, demonstre a sua felicidade e comemore adequadamente com os seus amigos.

SETE DE BASTÕES
VALOR

Símbolos	Significado
Bordão em posição vertical no primeiro plano	Força elementar selvagem, arma do herói
Três pares de bastões com cabeças de Fênix, flores de lótus e discos solares alados cruzados harmoniosamente no segundo plano	Forças estruturadas que aos poucos vão perdendo o efeito
Chamas desnorteadas	Energias desorientadas, desperdiçadas
Fundo violeta-escuro	Ameaça
Elemento e número	Autoafirmação (Fogo) arriscada (7)
Astrologia: Marte (♂) em Leão (♌)	Coragem, determinação e disposição para lutar (♂) em conexão com autoconfiança triunfante (♌)

Aspectos Gerais: Arriscar-se a seguir sozinho o seu próprio caminho, superar-se, lutar contra as adversidades, assumir um risco.

Vida Profissional: Cargo ameaçado, engajamento intenso, realizar um propósito com determinação e até sozinho, se for necessário.

Plano da Consciência: Lutar corajosamente por uma boa causa que esteja enfraquecida ou impopular.

Relacionamento: Salvar o relacionamento de um fracasso por meio de uma manobra ousada ou afastar uma ameaça; dar um novo impulso com decisão a um relacionamento desgastado.

Encoraja a: Salvar com bravura uma causa aparentemente perdida.

Alerta sobre: Superestimar a si mesmo e gastar energia desnecessariamente.

Como Carta do Dia: Uma vitória, que você já contava como certa, poderá hoje estar ameaçada, ou um assunto que seja importante para você poderá subitamente perder o significado. Conte com uma possível interferência de pessoas em seus assuntos, com o propósito de ameaçar a sua posição. Não fique parado passivamente vendo as suas esperanças se perderem; lute com determinação pela sua causa. Ouse e, se necessário, siga sozinho o seu próprio caminho.

OITO DE BASTÕES
RAPIDEZ

Símbolos	Significado
Oito bastões em forma de raios sobrepostos a um octaedro tridimensional	Oito, o número intermediário, permite que inspirações súbitas vindas de mundos superiores penetrem em nossa realidade (tridimensional), compreensão repentina, rompimento para a liberdade, da tensão surge a luz
Arco-íris	Ligação entre o mundo espiritual e o mundo terreno
Fundo azul-claro	Inspiração mental, inteligência
Elemento e número	Coragem (Fogo) para transformações (8)
Astrologia: Mercúrio ($\mercury$) em Sagitário ($\sagittarius$)	Pensamento e reconhecimento ($\sagittarius$) confiante, perspicaz e cheio de esperança ($\mercury$)

Aspectos Gerais: Lampejo súbito, solução repentina de um problema, inspirações, "estar ligado à tomada".

Vida Profissional: Inovação, ideias empolgantes, desenvolvimentos favoráveis, novos vínculos comerciais, negócios com o exterior, aperfeiçoamento, ações rápidas.

Plano da Consciência: Abrir-se para novos horizontes por meio da superação de velhos padrões de pensamento.

Relacionamento: Amor à primeira vista, solução repentina de conflitos, impulsos estimulantes, erotismo ardente.

Encoraja a: Abrir-se para novas percepções e agir imediatamente.

Alerta sobre: Conclusões apressadas, dar muita ênfase ao intelecto, extravagâncias intelectuais.

Como Carta do Dia: Uma boa notícia ou um telefonema inesperado poderão, hoje, enchê-lo de energia e mudar surpreendentemente o rumo do seu dia. Sua mente estará fervilhando e, entre as muitas ideias que lhe passarão hoje pela cabeça, encontrar-se-á a solução de um velho problema. Essa energia poderá, até mesmo, estender-se à sua vida amorosa e explodir como "fogos de artifício". Isso seria, com certeza, a maneira mais prazerosa de canalizar tanto vigor.

NOVE DE BASTÕES
FORÇA

Símbolos	Significado
Oito flechas cruzadas com as pontas direcionadas para baixo	Forças que ativam energias inconscientes
Bastão central em posição vertical conectando o Sol (☉) e a Lua (☽)	Uníssono entre consciente (☉) e inconsciente (☽), combinação harmoniosa entre espírito (☉) e alma (☽)
Estrela de dez raios ao fundo	Luminosidade resultante da ligação harmônica
Cor ao fundo que vai clareando para cima	Força que ascende do inconsciente
Elemento e número	Coragem (Fogo) concentrada (9)
Astrologia: Lua (☽) em Sagitário (♐)	Confiança e necessidade de desenvolvimento (♐) que ascendem do inconsciente (☽)

Aspectos Gerais: Dispor de muitas possibilidades, estar cheio de energia, alegrar-se por algo que está por vir, inspiração.

Vida Profissional: Adentrar solos novos e repletos de perspectivas, ter confiança nas próprias capacidades, começar um projeto com coragem e entusiasmo.

Plano da Consciência: Ser inspirado pelo inconsciente.

Relacionamento: Estabilidade e unissonância, impulsos estimulantes vindos da alma, novo vínculo forte, intercâmbio intenso, entusiasmo.

Encoraja a: Agir audaciosamente confiando na sua própria intuição.

Alerta sobre: Deixar-se levar por pensamentos megalômanos.

Como Carta do Dia: Hoje você deve arriscar-se! Deve ousar experimentar algo para o qual lhe tenha faltado coragem até agora. Você poderá confiar completamente na sua intuição, que o conduzirá a fazer instintivamente a coisa certa. Poderá também aproveitar a energia inspiradora do dia de hoje para fazer planos agradáveis para o futuro, como, por exemplo, programar as suas próximas férias.

DEZ DE BASTÕES
OPRESSÃO

Símbolos	Significado
Oito bastões ardendo em chamas	Impulsos ardentes
Chamas selvagens em segundo plano	Energias incontroláveis
Fundo cor de laranja	Energia do fogo
Dois poderosos bastões ritualísticos tibetanos em primeiro plano	Controle e opressão da energia do fogo
Elemento e número	Soma (10) de forças agressivas (Fogo)
Astrologia: Saturno (♄) em Sagitário (♐)	Bloqueio, inibição, contenção (♄) de entusiasmo, capacidade persuasiva, visão do mundo, expansão (♐)

ASPECTOS GERAIS: Desenvolvimento bloqueado, problemas com autoridade, frustração, medo da vida, camisa-de-força.

VIDA PROFISSIONAL: Forte pressão por causa do excesso de trabalho, estresse, tormento, tentativa inútil de reconhecimento, medo do futuro profissional, dificuldades de liderança.

PLANO DA CONSCIÊNCIA: Somente será possível dominar as tensões interiores por meio de um profundo esforço.

RELACIONAMENTO: Endurecimento, lutas pelo poder, lutar contra tabus e proibições, sentimentos bloqueados, desesperança.

ENCORAJA A: Reconhecer as suas próprias limitações e agir com responsabilidade.

ALERTA SOBRE: Demonstrações de poder, intolerância e agressividade reprimida.

COMO CARTA DO DIA: Arme-se hoje com uma boa dose de disciplina e capacidade de resistência. Você poderá precisar delas. Talvez seja agredido por causa das suas opiniões ou alguém tente dominá-lo. Você poderá também entrar em conflito com autoridades, seja com o seu chefe ou com a polícia de trânsito. Não se deixe provocar, de forma nenhuma, mantenha-se tranquilo e sereno, mesmo que isso não seja fácil. Você reconhecerá mais tarde quão inteligente terá sido tomar essa atitude.

PRINCESA DE BASTÕES

Símbolos	Significado
Chama amarelo-esverdeada em movimento dinâmico sobre um fundo vermelho	Força vital efervescente, confiança intensa, energias selvagens
Figura feminina nua	Pureza sedutora
Plumas de avestruz como uma cobertura para a cabeça	Justiça
Bastão com o Sol	Luminosidade
Tigre direcionado para baixo	Separação dos impulsos
Altar dourado com cabeças de carneiros	Energia vital ardente, força primaveril
Rosas em chamas	Sacrifício para a deusa do amor

Aspectos Gerais: Mulher jovem, dinâmica, impulsiva e cheia de vida, amazona, impulso inicial, novo começo impetuoso, entusiasmo, espírito de aventura, impaciência.

Vida Profissional: Ideias inovadoras que necessitam ser expressas, início de uma carreira profissional.

Plano da Consciência: Ficar em estado eufórico por causa de uma vontade efervescente de viver.

Relacionamento: Vontade de curtir a vida, paixão tempestuosa, desejo sexual, paquera excitante, fogo de palha, "pular a cerca".

Encoraja a: Viver de uma forma espontânea e cheia de ânimo.

Alerta sobre: Comportamento teatral e humores variáveis e impulsivos.

Como Carta do Dia: Hoje você quer tudo ou nada. Você não se dará por satisfeito com meios-termos. Você estará tão radiante de energia que mal poderá esperar para contagiar os outros com o seu entusiasmo. No amor, isso poderá conduzi-lo a um encontro apaixonante. De qualquer jeito, você estará disposto a deixar-se levar por uma aventura, sem se preocupar com as consequências. De fato, hoje não terá nada que o impeça de deixar a razão de lado e, pelo menos uma vez, agir de acordo com os princípios do prazer.

PRÍNCIPE DE BASTÕES

Símbolos	Significado
Guerreiro nu em carruagem de combate	Força impulsiva, capacidade de imposição, jovialidade
Coroa de raios	Brilho, força criadora
Emblema mágico no peito	Poder e capacidade de influenciar os outros
Leão incandescente puxando a carruagem	Energia animal impulsiva, que impele para a frente
Leão com rédeas	Controle dos impulsos
Labaredas pontiagudas	Energia criativa direcionada para o alvo
Lança com cabeça de Fênix	Símbolo egípcio de poder, energia purificadora

Aspectos Gerais: O homem empreendedor, o conquistador, o herói, o corredor, a pessoa colérica, novo impulso, iniciativa, entusiasmo.

Vida Profissional: Estar à disposição para trabalhar, vontade de se arriscar, coragem para tornar-se autônomo, espírito pioneiro, começar algo novo com todo entusiasmo.

Plano da Consciência: Ter uma postura otimista na vida e autoconfiança elevada.

Relacionamento: Paixões selvagens, erotismo exigente, aventura arriscada, satisfação do desejo de uma forma espontânea, porém também infantil. Humores imprevisíveis.

Encoraja a: Encarar a vida de uma maneira aberta e cheia de autoconfiança.

Alerta sobre: Satisfação espontânea de desejos à custa de objetivos a longo prazo.

Como Carta do Dia: Para ter uma experiência realmente intensa, você hoje aceitará até correr riscos. De preferência, você gostaria de mostrar para todos quem realmente traz dentro de si. Porém, se afrouxar as rédeas na hora errada, poderá, com o seu jeito enérgico, passar por cima de alguém e até aborrecer-se com os seus vizinhos ou colegas de trabalho. Por isso, procure o palco adequado para a sua encenação. Quebre algum recorde ou saia e divirta-se.

RAINHA DE BASTÕES

Símbolos	Significado
Rainha sentada em um trono de labaredas, com os olhos fechados	Fogo interior, energia *kundalini*, espiritualidade
Cabelos longos	Energia vital
Coroa com 12 raios e sol alado	Força criadora completamente desenvolvida, iluminação
Bastão com cone de pinha na ponta (Bastão de Tirso no culto a Dionísio)	Paixão, êxtase
Leopardo	Forças animalescas, natureza instintiva
Mão sobre a cabeça do leopardo	Domesticação cuidadosa e integração das forças animalescas

Aspectos Gerais: Autoconfiança sadia, espírito empreendedor, franqueza, impulsividade, independência, autorrealização, mulher enérgica, carismática, generosa e madura.

Vida Profissional: Realizar-se profissionalmente com consciência de suas capacidades, ter competência para assumir grandes tarefas, promoção, tornar-se autônomo, assumir posições de liderança.

Plano da Consciência: Aprimorar uma paixão ardente e transformá-la em aspiração espiritual.

Relacionamento: Relação madura de igual para igual, leve submissão, tantra do amor, calor humano.

Encoraja a: Expressar suas necessidades pessoais e responder por si mesmo.

Alerta sobre: Egocentrismo e imposição de suas vontades a qualquer preço.

Como Carta do Dia: Hoje é você quem manda! Você está sentindo-se forte, sabe exatamente o que quer e está preparado para realizar tarefas complicadas, mesmo que as tenha de fazer sozinho. Graças a essa determinação, você poderá ter êxito ao dar passos decisivos. Você causará uma impressão bem convincente nas pessoas à sua volta por causa de sua atitude soberana, e elas se deixarão empolgar, motivar e conduzir por você com prazer. É também possível que uma mulher enérgica e com força de vontade represente hoje um papel importante no seu dia.

CAVALEIRO DE BASTÕES

Símbolos	Significado
Cavaleiro com armadura e capa feita de labaredas, montado em um cavalo que salta para o alto	Energia criadora que jorra, mas que é, contudo, controlada
Cavalo negro com um chifre	Força motriz, determinação e energia concentrada que estão direcionadas para uma meta
Tocha ardendo em chamas	Trazer luz e visões para o mundo, força, inflamar também as outras pessoas
Labaredas ardentes	Energia, paixão
Fundo amarelo com raios	Iluminação, conhecimento

Aspectos Gerais: Confiança em si mesmo, coragem, lutar por um ideal, forte espírito de iniciativa, homem maduro com força de vontade e dinamismo, personalidade que serve de exemplo para os outros, espírito de liderança.

Vida Profissional: Qualidades de liderança, motivação para novos projetos, realizar trabalhos pioneiros, soberania, trabalhar com autoconfiança e independência.

Plano da Consciência: Direcionar a sua força de vontade para objetivos elevados.

Relacionamento: Convivência agitada de igual para igual entre dois parceiros, generosidade e vontade de tomar parte em discussões construtivas, vínculo dinâmico.

Encoraja a: Agir com determinação, objetividade e coragem.

Alerta sobre: Vaidade, intolerância e egoísmo.

Como Carta do Dia: Hoje é um dia em que você poderá conquistar o mundo! Você estará faiscando de energia e mal poderá esperar para contagiar as pessoas à sua volta com o seu entusiasmo. Você saberá exatamente o que quer, apostará em grandes metas e terá agora boa oportunidade de alcançá-las. Você conseguirá realizar com facilidade o que para os outros parece difícil. Com tanto entusiasmo e tanta confiança, você deverá ter cuidado para não atropelar as outras pessoas sem nenhuma consideração. Também pode ser que hoje um homem interessante e temperamental venha ao seu encontro.

ÁS DE COPAS

Símbolos	Significado
O Santo Graal	Amor, franqueza, disposição para entregar-se, busca pela realização, cura
Cálice azul da cor de Maria	Suavidade, misericórdia, compaixão
Lótus branco que sustenta o cálice	Força que alimenta e enche o cálice de água vital
Duas flores de lótus, uma dentro da outra, que se abrem somente na próxima carta (DOIS DE COPAS)	Beleza, sorte e felicidade como potenciais, que ainda, irão se desenvolver
Raio de luz incidindo do alto	Espírito criador inspirador
Elemento e número	Chance (Ás = 1) de encontrar a realização (Água)
Astrologia: Signos do Elemento Água: Câncer (♋), Escorpião (♏), Peixes (♓)	Profundidade emocional (♋), força espiritual (♏), dedicação e compaixão (♓)

Aspectos Gerais: Felicidade, riqueza interior, franqueza, harmonia, oportunidade de encontrar realização.

Vida Profissional: Oportunidade de encontrar a sua verdadeira vocação, atividade que tenha um sentido, realização profissional, paz e satisfação no local de trabalho.

Plano da Consciência: Abrir-se ao mistério do amor universal.

Relacionamento: Vivenciar um amor profundo, encontrar uma realização imensa, clima romântico, entrega.

Encoraja a: Aproveitar uma oportunidade para encontrar uma felicidade enorme.

Alerta sobre: Exaltação pretensiosa.

Como Carta do Dia: Hoje você vai receber uma boa ajuda. Aproveite o momento favorável para ousar fazer algo que prometa satisfação. As chances são boas, principalmente no que diz respeito aos assuntos do coração. Se você aproximar-se das outras pessoas despreocupadamente, poderá cair, de fato, diretamente nos braços de uma sorte grande. Você poderá também encontrar a paz interior, solucionando um problema antigo ou, finalmente, fazendo as pazes com alguém.

DOIS DE COPAS
AMOR

Símbolos	Significado
Cálices com água derramando	Sentimentos extravasados
Peixes entrelaçados, dos quais jorra água	Aliança afetuosa, vinculo físico e espiritual, atração, troca emocional
Duas flores de lótus cor-de-rosa desabrochadas, ligadas uma à outra	Desenvolvimento harmônico, ligação afortunada entre dois polos, amor
Água calmas, céu azul	Paz e harmonia
Elemento e número	Fusão (Água) de opostos (2)
Astrologia: Vênus (♀) em Câncer (♋)	Entrega e sentimentos (♋) afetuosos, que trazem felicidade (♀), vínculo (♀) emocional (♋)

Aspectos Gerais: Ligações felizes, aproximação, reconciliação, encontros prazerosos.

Vida Profissional: Bom ambiente de trabalho, trabalho em conjunto repleto de confiança, contatos agradáveis com clientes, fazer uma sociedade comercial.

Plano da Consciência: Unir as duas almas que existem dentro de si.

Relacionamento: Encontro afetuoso, almas gêmeas, reconciliação, viver um grande amor.

Encoraja a: Ligar-se aos outros afetuosamente.

Alerta sobre: Por causa de uma necessidade excessiva de harmonia, acabar por negar-se a si mesmo.

Como Carta do Dia: Hoje, o trunfo é o coração! Este dia será dominado por uma profunda simpatia, um grande amor ou uma reconciliação. Deixe as "antenas" da sua alma "ligadas", pois hoje você poderá apaixonar-se outra vez. Caso você já esteja comprometido, irá pairar no ar uma sensação de retorno da primavera. Não fique apenas parado esperando que a sorte grande venha bater à sua porta, faça também a sua parte para que a deusa Fortuna possa presenteá-lo e as setas do cupido não sejam atiradas no vazio.

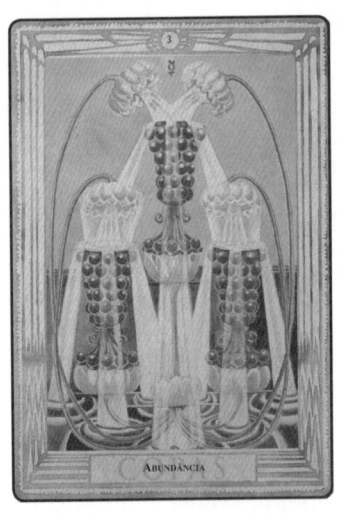

TRÊS DE COPAS
ABUNDÂNCIA

Símbolos	Significado
Cálices transbordando	Amor, alegria, abundância, que fazem o coração transbordar
Cálices feitos de romãs	Fertilidade, vínculo ou compromisso profundo (Perséfone teve de permanecer no submundo com Hades, por ter comido uma semente de romã)
Flores de lótus douradas, que enchem os cálices	Amor espiritual
Água azul-escura, de onde saem as hastes das flores de lótus	Fonte original da fertilidade
Elemento e número	Sentimentos (Água) vivos (3)
Astrologia: Mercúrio (☿) em Câncer (♋)	Interação (☿) emocional (♋), inteligência (☿) emocional (♋)

Aspectos Gerais: Realização, alegria, interação fecunda, gratidão, bem-estar, colheita abundante.

Vida Profissional: Negócios agradáveis, bom trabalho em conjunto, alegria em realizar um trabalho, projetos promissores, contratos com boas perspectivas.

Plano da Consciência: Estar repleto de profunda gratidão.

Relacionamento: Alegria no amor, convivência harmoniosa, vínculo fecundo, casamento.

Encoraja a: Comemorar todas as festas que aparecerem.

Alerta sobre: Não distribuir a colheita antes que ela esteja no celeiro.

Como Carta do Dia: Alegre-se com o dia de hoje, pois ele o presenteará com abundância. Desfrute o lado bom da vida, faça uso de suas diversas possibilidades e mostre-se grato pelos prazeres que a vida lhe oferece neste momento. O melhor de tudo é poder compartilhar a sua alegria com outras pessoas. Convide seus melhores amigos, desfrute de bons momentos ao lado da sua família ou encha de mimos alguém que você ama. Afinal de contas, não é todo dia que temos tantas razões para comemorar.

QUATRO DE COPAS
LUXÚRIA

Símbolos	Significado
Cálices repletos	Riqueza de sentimentos, fartura emocional
Pedestal quadrado	Base estável
Flor de lótus vermelha, fortemente enraizada, que se derrama sobre os cálices	Amor que transborda, sentimentos profundos, estabilidade emocional
Céu negro-acinzentado, mar agitado	Inquietação profunda, ainda inconsciente
Elemento e número	Fartura (4) emocional (Água)
Astrologia: Lua (☽) em Câncer (♋)	Sentimentos (☽) maternais, de zelo, de dedicação (♋)

Aspectos Gerais: Gozar a vida, desfrutar, estabilidade, proteção e aconchego.

Vida Profissional: Clima de confiança no ambiente de trabalho, vivenciar bons momentos, negócios agradáveis, equipe de trabalho entrosada.

Plano da Consciência: Reconhecer a semente da decadência que a abundância traz dentro de si.

Relacionamento: Desfrutar o amor intensamente, tratar um ao outro com carinho, vivenciar o aconchego familiar, relação na qual os parceiros são cuidadosos um com o outro.

Encoraja a: Aproveitar as várias possibilidades disponíveis e apreciar o momento.

Alerta sobre: Acreditar ingenuamente que tudo permanecerá tão bem quanto está sendo agora.

Como Carta do Dia: Gaste bastante tempo saboreando o dia de hoje. Você atingiu um ápice temporário e merece tirar uma folga. Desfrute deste dia e não esquente a cabeça com problemas que possam ser resolvidos amanhã, caso eles não se solucionem por si mesmos. Em vez disso, alegre-se pela simpatia e dedicação que lhe serão direcionadas hoje. Já que a vida lhe está oferecendo tantas coisas boas, você poderá também demonstrar o seu lado generoso com as outras pessoas.

CINCO DE COPAS
DESAPONTAMENTO

Símbolos	Significado
Cálices vazios e lagoa seca	Sentimentos ressequidos, desilusão, esterilidade
Duas flores de lótus murchas	Amor envelhecido
Cálices posicionados na forma de um pentagrama invertido	Triunfo da matéria sobre o espírito
Raízes dos lótus em forma de borboleta	Força da transformação
Céu vermelho-encarnado	Cólera, perigo
Elemento e número	Crise (5) emocional (Água)
Astrologia: Marte (♂) em Escorpião (♏)	Força que surge (♂) da putrefação (♏)

Aspectos Gerais: Expectativas decepcionadas, esperanças desvanecidas, melancolia, reconhecimento doloroso, crise de transformação.

Vida Profissional: Projetos frustrantes, prejuízo nos negócios, recusas súbitas, fracasso.

Plano da Consciência: Reconhecer a força renovadora que surge na putrefação.

Relacionamento: Sentimentos que se estão extinguindo, estar atolado no "pântano" da relação, o princípio do fim.

Encoraja a: Demonstrar o seu desgosto e a sua decepção.

Alerta sobre: Otimismo cego e expectativas exageradas.

Como Carta do Dia: Hoje você terá de contar com uma freada. Alguma coisa pela qual você já se havia alegrado, ou que já contava como certa, não acontecerá como você esperava. Caso seja apenas uma coisa insignificante, enfrente a situação com bom humor. Porém, tratando-se da dissolução de algo realmente importante, você deverá suportar o fato com calma, sem esconder a sua decepção. Quanto mais consciente e sincero você encarar as suas esperanças fracassadas, mais rápido sentirá outra vez o chão embaixo dos seus pés.

SEIS DE COPAS
PRAZER

Símbolos	Significado
Cálices cheios	Realização, satisfação
Flores de lótus "dançantes", de cor laranja	Alegria de viver, vitalidade, leveza
Hastes dos lótus com formas de borboletas	O despertar de uma nova vida, forças liberadas
Mar agitado	Sentimentos reanimados
Céu azul-claro	Tranquilidade, contemplação
Elemento e número	Ligação (6) emocional (Água)
Astrologia: Sol (☉) em Escorpião (♏)	Alegria de viver (☉) profunda e autorrenovável (♏)

Aspectos Gerais: O despertar da vitalidade, criar algo do fundo da alma, encontrar realização, restabelecimento emocional, bem-estar.

Vida Profissional: Enorme força produtiva, sentir prazer em realizar um trabalho, tarefas agradáveis.

Plano da Consciência: Centrar-se.

Relacionamento: O desabrochar dos sentimentos, felicidade profunda, prazer sensual, realização sexual.

Encoraja a: Abrir-se de todo coração para a vida e as suas alegrias.

Alerta sobre: Gula e avidez.

Como Carta do Dia: Hoje você terá motivos suficientes para sair pulando de alegria. Se você vai sair por aí literalmente pulando ou se vai fazê-lo dentro de si, tanto faz, contanto que você não se contenha. Demonstre que você está bem em todos os sentidos. Ainda mais se estiver se sentindo como se tivesse renascido, depois de ter passado por uma fase ruim; saboreie intensamente a doçura da vida. Faça uma festa ou celebre a si mesmo e satisfaça aquele desejo que você já vem guardando há muito tempo.

SETE DE COPAS
DEBOCHE

Símbolos	Significado
Sete cálices ordenados como dois triângulos voltados para baixo	Desmoronamento
Lírios-tigre enchem os cálices com um néctar venenoso	Tentação enganadora, calamitosa
Lago lamacento, envenenado	Perigo do declínio
Céu verde-acinzentado	Atmosfera envenenada
Elemento e número	Ilusões (Água) perigosas (7)
Astrologia: Vênus (♀) em Escorpião (♏)	Precipícios (♏) do prazer (♀); gozo (♀) que conduz à dependência (♏)

Aspectos Gerais: Fatalidade, atração perigosa, vícios, enganos, desgraça iminente.

Vida Profissional: Intrigas, negócios sujos, especulações fracassadas, dependência fatal.

Plano da Consciência: Aprender a diferenciar "busca" de "vício".

Relacionamento: Atmosfera carregada, servidão; por meio do relacionamento, envolver-se com más companhias ou negócios duvidosos.

Encoraja a: Largar de mão algo.

Alerta sobre: Fuga da realidade e situações tentadoras que levam à destruição.

Como Carta do Dia: Hoje não se deixe seduzir, por mais atraente que a oferta lhe pareça. Você pode acabar caindo em um atoleiro de esperanças falsas, do qual só sairá com muita dificuldade. Evite situações obscuras, tudo o que for mórbido ou não for transparente, e recuse, de preferência, algo que lhe possa parecer muito atraente à primeira vista, mas que só irá trazer vantagens a curto prazo. Fique de olhos bem abertos e tome bastante cuidado com álcool e outras drogas.

OITO DE COPAS
INDOLÊNCIA

Símbolos	Significado
Cálices avariados, os quais somente metade está cheia	Desgaste, falta de vitalidade
Lago escuro, apodrecido	Melancolia, perigo de afundar-se
Flores de lótus murchas	Falta de força e energia
Céu escurecido e carregado de nuvens	Depressão, ameaça, medo do futuro
Elemento e número	Humores (Água) alterados (8)
Astrologia: Saturno (♄) em Peixes (♓)	Sentimentos (♓) contidos, mortos (♄)

Aspectos Gerais: Fraqueza, esperanças destruídas, impasse, resignação, necessidade de dar uma guinada, paralisação, depressão.

Vida Profissional: Ambiente de trabalho carregado, negócios estagnados, falta de energia, expectativas frustradas, perigo de demissão, má administração.

Plano da Consciência: Reconhecer os próprios erros que levaram a decepções.

Relacionamento: Sentimentos indiferentes, ar carregado, falta de engajamento, vínculo desesperançoso, resignação.

Encoraja a: Abandonar um atoleiro sinistro.

Alerta sobre: Agarrar-se a algo deteriorado ou começar algo sem perspectivas.

Como Carta do Dia: Hoje você poderá atolar-se na lama. Mesmo que a culpa não seja toda sua, você colaborou em parte para que isso acontecesse. Já que a situação está muito confusa, você deve tentar sair o mais rápido possível desse lamaçal. É também muito importante que você se conscientize das razões que o levaram a essa paralisação. Só assim você poderá evitar que esse mesmo erro seja cometido outra vez no futuro.

NOVE DE COPAS
FELICIDADE

Símbolos	Significado
Flores de lótus derramam-se sobre nove cálices	Alegria transbordante
Disposição em forma de um retângulo simétrico	Estabilidade
Céu azul	Confiança, paz
Lago tranquilo	Sentimentos estáveis, equilíbrio
Elemento e número	Sentimentos (Água) concentrados (9)
Astrologia: Júpiter (♃) em Peixes (♓)	Felicidade, crescimento, confiança (♃) na espiritualidade e amor universal (♓)

Aspectos Gerais: Felicidade, otimismo, descoberta do sentido, caridade, confiança em Deus, felicidade serena.

Vida Profissional: Alegria no trabalho, bom faro para os negócios, espírito de equipe, fechamento favorável de um contrato.

Plano da Consciência: Alegria que transborda o coração.

Relacionamento: Felicidade no amor, afeição, atração profunda, realização emocional e física.

Encoraja a: Alegrar-se por sua própria sorte e olhar para o futuro repleto de confiança.

Alerta sobre: Doçura exacerbada.

Como Carta do Dia: Hoje você rirá à vontade, pois a sorte estará ao seu lado! Tudo correrá maravilhosamente bem e se desenvolverá como você queria. Aproveite. Você poderá aumentar a sua alegria ainda mais, se compartilhá-la com os outros à sua volta. Dê um passeio com a família ou convide amigos para irem à sua casa. É claro que você também poderá aproveitar o vento a seu favor para resolver facilmente algumas coisas que já queria ter feito há muito tempo.

DEZ DE COPAS
SACIEDADE

Símbolos	Significado
Cálices ordenados na forma da Árvore da Vida[41]	Harmonia emocional, realização profunda
Cálices oscilantes	Princípio de uma mudança, instabilidade
Flor de lótus grande e vermelha	Amor dedicado universal
Fundo vermelho e asas dos cálices feitas de chifres de carneiro	Característica de Marte, energia do fogo, nova arrancada
Elemento e número	Abundância (10) de sentimentos (Água)
Astrologia: Marte (♂) em Peixes (♓)	Realização (♓) e novo começo (♂), força (♂) emocional (♓)

---

41. Símbolo cabalístico que representa a totalidade da criação.

Aspectos Gerais: Realização, apogeu, perfeição, gratidão, sociabilidade.

Vida Profissional: Trabalho bem-sucedido, fechar um negócio favoravelmente, boas condições de trabalho, aposentadoria.

Plano da Consciência: A compreensão de que o ápice termina a subida.

Relacionamento: Momentos felizes e satisfatórios, deliciar-se em emoções, cobrir-se mutuamente de mimos.

Encoraja a: Desfrutar de sua alegria juntamente com os outros, sem se agarrar a ela.

Alerta sobre: A provável decadência que segue um apogeu.

Como Carta do Dia: Celebre todas as festas que aparecerem. Hoje você terá boas razões para isso. Ou porque você conseguiu concluir algo com sucesso, por estar feliz e agradecido por um resultado positivo, ou simplesmente por estar sob todos os aspectos satisfeito consigo mesmo e com a vida. Faça algo de bom para si mesmo, encontre-se com amigos e saboreie essa despreocupação, enquanto ela durar.

PRINCESA DE COPAS

Símbolos	Significado
Mulher dançando com vestido em forma de concha	Encanto oculto, mundo interior amplo, mediunidade
Cristais em formação	Cristalização de valores interiores
Cálice com tartaruga	Mundo interior que se abre para o exterior
Cisne como coroa	Dom da profecia
Delfim pulando contentemente	Alegria de viver, força criadora
Lótus branca	União divina

Aspectos Gerais: Mulher jovem e sensível, sedutora, encantadora, dançarina dos sonhos, musa, desejo de unir-se, romantismo, sentimentos profundos, entusiasmo, felicidade tranquila.

Vida Profissional: Boa intuição ao tomar decisões profissionais, fazer instintivamente a coisa certa, poder confiar na sua intuição no dia a dia profissional.

Plano da Consciência: Vivenciar experiências mediúnicas.

Relacionamento: Aproximação suave e cuidadosa, sentimentos ternos de amor, franqueza emocional, anseio.

Encoraja a: Abrir-se emocionalmente e expressar os seus sentimentos e desejos ocultos.

Alerta sobre: Coquetismo sedutor e enganar a si mesmo, ingenuamente.

Como Carta do Dia: Não se admire se você hoje for inundado por um anseio profundo ou por sentimentos ternos de amor. Agora, mais do que nunca, você estará aberto para um encontro romântico e, ao mesmo tempo, também suscetível a todo tipo de tentações. Você deverá deixar-se envolver, pois tudo indica que terá uma experiência encantadora, que despertará emoções dentro de você até então desconhecidas.

PRÍNCIPE DE COPAS

Símbolos	Significado
Guerreiro nu com elmo com uma águia	Processo de amadurecimento, aperfeiçoamento da natureza instintiva
Carruagem em forma de uma concha puxada por uma águia	Força espiritual inspiradora, que ilumina as águas do inconsciente
Cálice com serpente	Transformação e renovação
Enorme flor de lótus	Força emocional

Aspectos Gerais: Homem terno e romântico, sedutor, charmoso, cordialidade, entusiasmo.

Vida Profissional: Vínculo bem-sucedido entre intuição e conhecimento, engajamento social, atividade artística, trabalho terapêutico.

Plano da Consciência: Ser inspirado por seus sentimentos.

Relacionamento: Interação romântica e cheia de fantasia, tratamento afetuoso, magia do amor, entusiasmo.

Encoraja a: Expressar as suas emoções ou deixar-se levar por uma divagação.

Alerta sobre: Efusão de emoções dissimuladas.

Como Carta do Dia: O dia de hoje dará asas à sua alma. Não somente a cabeça e o coração estarão harmonizando-se agradavelmente um com o outro, como você também vivenciará um impulso emocional, que o elevará para o sétimo céu. Aproveite a oportunidade para colocar em ordem coisas que necessitem tanto de imaginação quanto de razão. Sobretudo se alguma coisa estiver emperrada no âmbito dos relacionamentos, liberte-a hoje.

RAINHA DE COPAS

Símbolos	Significado
Figura feminina coberta por um véu	Fada misteriosa do oráculo
Lagoa serena	O inconsciente, as sensações mais profundas
Reflexo	Espelho da alma, inconsciente coletivo, sonhos
Caranguejo (no cálice)	Maneira de agir instintiva, obstinada
Cálice branco em forma de concha	Maternidade, renascimento, pureza
Flores de lótus	Amor transbordante, pureza, suscetibilidade
Garça	Vigilância, prudência, segurança instintiva
Arcos de luz brancas e azuis	Intuição

Aspectos Gerais: Sensibilidade, dedicação, inspiração, emoções profundas, suscetibilidade, suavidade, mulher compreensível, madura, mediúnica ou uma musa inspiradora.

Vida Profissional: Tarefas espirituais, inspiração artística, pausa produtiva, atividades mediúnicas ou terapêuticas.

Plano da Consciência: Ouvir a sua voz interior e confiar nela.

Relacionamento: Compreensão íntima e sem palavras, almas gêmeas, dedicação afetuosa, entrega, sentimentos profundos, anseio por fundir-se.

Encoraja a: Manter-se fiel aos seus sentimentos.

Alerta sobre: Entregar-se aos seus humores sem se questionar ou perder-se em utopias.

Como Carta do Dia: Sua abertura emocional o deixará hoje bastante receptivo às necessidades do ambiente ao seu redor e, ao mesmo tempo, vulnerável a uma possível rigidez. Mesmo assim, você deverá aproximar-se dos outros com total confiança, pois a sua forte intuição o protegerá de dificuldades. Dê uma atenção especial aos seus sonhos! Você poderá conhecer uma mulher simpática, com capacidades mediúnicas, que o aproximará do lado misterioso e enigmático da vida.

CAVALEIRO DE COPAS

Símbolos	Significado
Cavaleiro alado cavalgando para o alto	Princípio espiritual inspirador, que alcança as esferas espirituais
Cavalo branco	Natureza instintiva depurada, pureza
Armadura verde	Naturalidade, esperança, fertilidade
Caranguejo (no cálice)	Forma de agir instintiva e obstinadamente, impetuosidade
Pavão com a cauda aberta	Variedade esplendorosa de cores cintilantes do elemento Água e magia do mundo dos sentimentos

Aspectos Gerais: Profundidade da alma, talento artístico, capacidades mediúnicas, fantasia, sensibilidade, homem maduro, solícito, compreensivo, o conselheiro intuitivo.

Vida Profissional: Conciliar o trabalho com as suas próprias necessidades, aplicar a sua força espiritual no âmbito profissional, realização de tarefas que exijam intuição, fantasia e sensibilidade, atividades sociais ou que inspirem as outras pessoas.

Plano da Consciência: Ser inspirado por um objetivo próximo.

Relacionamento: Abertura emocional, convivência na qual os parceiros cuidam um do outro carinhosamente, entendimento profundo, riqueza de sentimentos.

Encoraja a: Dar um grande salto para alcançar um objetivo elevado.

Alerta sobre: Correr atrás de uma miragem.

Como Carta do Dia: Hoje você deve utilizar toda a sua energia para atingir um objetivo que já se encontra a seu alcance. Empenhe-se mais uma vez com todo o seu engajamento para alcançá-lo. Agora, mais do que nunca, você perceberá quão fortemente é apoiado por seus sentimentos e inspirado por sua imaginação fértil. Também pode acontecer de hoje um homem compreensivo e simpático cruzar o seu caminho ou desempenhar um papel importante no seu dia. Você perceberá a sua presença como algo enriquecedor e que lhe fará bem.

ÁS DE ESPADAS

Símbolos	Significado
Coroa com 22 raios	Sabedoria radiante dos 22 Arcanos maiores
Espada verde penetrante	Força intelectual que penetra e compreende tudo
A palavra grega θελημα (Thelema = vontade) escrita na lâmina	Vontade de direcionar a força intelectual para objetivos mais elevados
Serpente e duas meias-luas no punho da espada	A razão como ponte para o inconsciente
Luz do sol com textura de cristais iluminando o céu	Lucidez intelectual, despertar da consciência, percepções esclarecedoras
Elemento e número	Chance (Ás = 1) de compreender algo ou tomar uma decisão com inteligência (Ar)
Astrologia: Signos do elemento Ar: Gêmeos (♊), Libra (♎) e Aquário (♒)	Curiosidade (♊), sociabilidade (♎), intelecto (♒)

Aspectos Gerais: Interesses intelectuais, sede de conhecimento, força da razão, boa oportunidade para esclarecer, para compreender algo ou para tomar uma decisão com inteligência e clareza.

Vida Profissional: Boas ideias, procedimento analítico, elaborar novos projetos, encontrar soluções inteligentes para problemas profissionais, tomar decisões bem pensadas, planejamento da carreira profissional.

Plano da Consciência: Dar um passo decisivo para o autoconhecimento.

Relacionamento: Esclarecimento de problemas e mal-entendidos, condições claras e decisões nítidas, percepções importantes.

Encoraja a: Esclarecer, compreender, decidir algo.

Alerta sobre: Agir de uma forma excessivamente minuciosa e calculista.

Como Carta do Dia: Uma ideia vibrante irá ajudá-lo hoje a solucionar um problema incômodo ou a compreender algo que tem sido para você um enigma já há algum tempo. Fique de olhos abertos e deixe suas "antenas ligadas". Dessa forma, você terá uma visão ampla da situação e ao mesmo tempo a oportunidade de tomar uma decisão inteligente ou de elucidar algo que já deveria ter sido esclarecido há muito tempo.

DOIS DE ESPADAS
PAZ

Símbolos	Significado
Duas espadas cruzadas	Trégua
Rosa azul de cinco pétalas	Suavidade, apaziguamento, paz
Formas geométricas brancas com a mesma forma	Equilíbrio, ordem harmônica, paz
Duas espadas menores com meia-lua e o símbolo de Libra	Equilíbrio, tranquilidade
Fundo amarelo-esverdeado	Ambivalência
Elemento e número	Pensamentos (Ar) conciliadores (2)
Astrologia: Lua (☽) em Libra (♎)	Sentimentos (☽) equilibrados, pacíficos (♎); necessidade (☽) de harmonia (♎)

Aspectos Gerais: Equilíbrio, relaxamento, serenidade, ponderação, justiça, compromisso.

Vida Profissional: Tática sagaz nos negócios, negociações justas, cotidiano de trabalho balanceado, encerrar um conflito.

Plano da Consciência: Vivenciar paz interior e equilíbrio.

Relacionamento: Convivência pacífica, companheirismo, igualdade de direitos, harmonia, reconciliação.

Encoraja a: Soluções justas e equilibradas para a superação de desentendimentos.

Alerta sobre: Intransigência e paz aparente.

Como Carta do Dia: Hoje você deve descansar as armas. Uma possível solução para um conflito inflamado surgirá inesperadamente. Não hesite em dar o primeiro passo, mostre-se disposto a negociar e faça uma proposta justa para o adversário. Para que isso não se torne apenas uma paz aparente, terá de ser encontrado um denominador comum, no qual ninguém seja prejudicado. Quando vocês estiverem juntos, mais tarde, fumando o cachimbo da paz, você se sentirá bem mais relaxado e satisfeito.

TRÊS DE ESPADAS
DOR

Símbolos	Significado
Rosa amarela com pétalas caindo	Perda da perfeição
Espada imponente e duas espadas curvas	Conhecimento poderoso e compreensões adicionais
Destruição da rosa	A compreensão atinge em cheio o coração e destrói a beleza e a harmonia
Fundo escuro e tempestuoso	Infortúnio que se está acumulando, expectativas temerosas, caos
Elemento e número	Constatações (Ar) seguras (3), mas desagradáveis
Astrologia: Saturno (♄) em Libra (♎)	Bloqueio/fim (♄) da paz e da harmonia (♎)

Aspectos Gerais: Notícia ruim, decepção, fraqueza, tristeza, desamparo, caos, desilusão, renúncia, perda.

Vida Profissional: Fracasso, ameaça de demissão, falência, cálculo errado, não ser aprovado em um teste, má notícia.

Plano da Consciência: Percepções dolorosas e decepcionantes, porém necessárias.

Relacionamento: Desilusão amorosa, medo da perda, ferimentos, fim do relacionamento, esperanças desiludidas.

Encoraja a: Abrir-se a uma percepção desagradável, mas inteiramente necessária.

Alerta sobre: Utopias que conduzem inevitavelmente a decepções.

Como Carta do Dia: Hoje, quer você queira ou não, terá de se confrontar com uma situação desagradável. O seu dia pode ser abalado por um golpe entristecedor, uma notícia decepcionante ou uma decisão dolorosa. Quanto mais controlado e sereno você encarar essa situação, mais rápido ela se resolverá. Portanto, faça o que deve ser feito. Dê aquele telefonema desagradável e não adie mais uma vez a sua consulta ao dentista.

QUATRO DE ESPADAS
TRÉGUA

Símbolos	Significado
Cruz de Santo André	Sofrimento, martírio
Quatro espadas descansando sobre a cruz	Pausa que não piora nem melhora a situação
Rosa de 49 pétalas	Totalidade (7x7), amor e beleza
Pontas das espadas encontram-se no centro da flor	Faculdades mentais reunidas, concentração, pausa
Imagem de estrelas desordenadas ao fundo	Perspectivas inquietas
Elemento e número	Ponto de vista (Ar) inflexível (4)
Astrologia: Júpiter (♃) em Libra (♎)	Confiança/esperança (♃) na/de paz e justiça (♎)

Aspectos Gerais: Paz aparente, retirada temporária, a calmaria antes da tempestade, covardia, pausa forçada, isolamento, concentração de forças.

Vida Profissional: Situações de imobilidade, emprego por tempo limitado, trabalho de curta duração, férias forçadas, falta de perspectivas futuras, conflitos adiados.

Plano da Consciência: Percepção de que uma trégua ainda não significa paz.

Relacionamento: Fuga duvidosa de conflitos, repensar a relação, pausa para descanso em uma crise no relacionamento, procurar ajuda de um terapeuta.

Encoraja a: Aproveitar uma calma temporária para trabalhar na verdadeira solução de um problema.

Alerta sobre: A ilusão de achar que tudo está em ordem outra vez.

Como Carta do Dia: Não confie no sossego. Uma calmaria não é nenhuma garantia de que a tempestade não recomeçará a qualquer momento. O seu problema só está resolvido aparentemente, e não se resolverá por si só, futuramente. Mesmo que as suas manobras de dispersão tenham vindo na hora certa, para você não ter de se confrontar com esse assunto desagradável, o mais importante agora é aproveitar essa oportunidade para encontrar uma verdadeira solução para o problema.

CINCO DE ESPADAS
DERROTA

Símbolos	Significado
Pentagrama invertido feito de espadas e pétalas de rosa	Infortúnio, maldade, golpe baixo
Lâminas arqueadas e quebradas	Fraqueza
Somente a lâmina mais estragada aponta para cima	Força fraca de sustentação
Rosa de 49 pétalas despedaçada	Aniquilamento total, feridas emocionais
Luz ao fundo	Clareza que nasce do fracasso
Elemento e número	Percepção (Ar) crítica (5)
Astrologia: Vênus (♀) em Aquário (♒)	Comportamento na relação (♀) individualista, imprevisível, frio (♒)

Aspectos Gerais: Capitulação, traição, humilhação, fracasso, infâmia.

Vida Profissional: Fiasco, desastre, chicana, calúnia, assédio moral, bancarrota.

Plano da Consciência: Perceber que evitar conflitos constantemente provoca exatamente o contrário, ou seja, invoca a briga.

Relacionamento: Hostilidade, ferimentos mútuos, lutas maldosas pelo poder, vingança, separação, fracasso.

Encoraja a: Parar de evitar os conflitos, ainda que se corra o risco de sair perdendo dessa vez.

Alerta sobre: Desenvolvimentos perigosos e projetos que estejam condenados ao fracasso.

Como Carta do Dia: Hoje você deve se prevenir. Talvez tenha de se defender contra uma infâmia, uma calúnia maldosa ou uma chicana. Enfrente tudo da melhor maneira possível e mantenha em mente que, mesmo depois de uma "sexta-feira negra", segue um fim de semana no qual você pode se recuperar. Se você conseguir reconhecer a sua participação para que as coisas tenham chegado a esse ponto, talvez consiga evitar passar por uma situação desagradável como essa no futuro.

SEIS DE ESPADAS
CIÊNCIA

Símbolos	Significado
Seis espadas formam um hexagrama	Penetração mútua (estrela de seis pontas) do mundo espiritual e terreno
As pontas das espadas encontram-se no centro de uma rosa-cruz amarela	Esforço mental aspira a unidade e a compreensão holística
Círculo dentro do quadrado	A verdade (O) eterna oculta na realidade (□)
Rede e estruturas semelhantes a cata-ventos	Pensamento interligado, flexibilidade mental
Elemento e número	Conhecimentos (Ar) por meio de combinações (6)
Astrologia: Mercúrio (☿) em Aquário (♒)	Pensamento (☿) inovador (♒) e reconhecimento (☿) filosófico e científico (♒)

Aspectos Gerais: Conhecimento, progresso, abertura, entendimento, objetividade, inteligência.

Vida Profissional: Trabalho de equipe, métodos globais de trabalho, trabalhos autônomos, pesquisa, conceitos inovadores, profissões científicas, trabalho interligado, descobertas.

Plano da Consciência: Avançar na direção de uma compreensão holística.

Relacionamento: Igualdade de direitos na relação, experimentar coisas novas, vínculos fortes por afinidade, acordos e conversas claras.

Encoraja a: Sentir prazer em experimentar e investigar áreas desconhecidas.

Alerta sobre: Conceitos que sejam muito abstratos ou teóricos e sem alma.

Como Carta do Dia: Hoje, procure informar-se. Amplie os seus horizontes intelectuais deixando-se estimular ou indo especificamente atrás de uma informação pela qual você se vem interessando há muito tempo. Navegue na internet, remexa uma livraria, procure por ofertas interessantes em um jornal ou analise o programa de cursos oferecidos por alguma instituição na sua cidade. Talvez você possa até programar uma excursão cultural ao teatro, a uma exposição ou a uma palestra interessante.

SETE DE ESPADAS
FUTILIDADE

Símbolos	Significado
Espada grande com o símbolo do Sol	Lucidez, raciocínio estruturado, intelecto
Seis espadas menores com símbolos de planetas, que apontam na direção contrária à espada grande	Prejuízo e ameaça por meio da ilusão (Netuno), obstinação (Saturno), arrogância (Júpiter), fúria destrutiva (Marte), falsidade (Vênus), falta de escrúpulos (Mercúrio)
Fundo azul-claro	Superficialidade
Elemento e número	Reflexões (Ar) perigosas (7)
Astrologia: Lua (☽) em Aquário (♒)	Teorias e conceitos (♒) inconstantes e instáveis (☽)

Aspectos Gerais: Obstáculos inesperados, prejuízos, iludir a si mesmo, trapaça, covardia.

Vida Profissional: Negócios nebulosos, exploração no local de trabalho, tramoias obscuras, intrigas.

Plano da Consciência: Desmascarar mentiras sobre a vida, fracassar com as suas boas intenções.

Relacionamento: Deslealdade, hipocrisia, harmonia aparente, intrigas, inconsequência.

Encoraja a: Ser sincero consigo mesmo em vez de continuar se enganando.

Alerta sobre: Subestimar resistências externas e internas e contar uma vitória como certa.

Como Carta do Dia: Hoje você deve tomar cuidado. As suas boas intenções serão colocadas à prova. Se você subestimar as suas barreiras e fraquezas interiores, pode contar que, em um prazo muito curto de tempo, não conseguirá ir muito mais adiante. Além disso, você estará hoje tendendo a enganar a si mesmo, em vez de encarar a realidade de frente. Por isso, mantenha os olhos abertos ao tratar de contratos ou outros acordos e leia com particular atenção o que está escrito em letras miúdas, para não ser ludibriado.

OITO DE ESPADAS
INTERFERÊNCIA

Símbolos	Significado
Duas espadas paralelas com as pontas para baixo, cruzadas por diferentes sabres e punhais curvos	Força de vontade e firmeza, que são frequentemente perturbadas por influências contrárias
Fundo vermelho-arroxeado irregular	Vingança, briga, desgosto
Elemento e número	Ideias (Ar) inconstantes (8)
Astrologia: Júpiter (♃) em Gêmeos (♊)	Objetivos elevados (♃), que são ameaçados por dúvidas e desuniões (♊)

Aspectos Gerais: Avanços lentos por causa de distrações, indecisão, dúvidas, dispersão, danos, inconstância.

Vida Profissional: Planos profissionais destruídos ou sabotados, falta de clareza sobre a sua área de competência, obstáculos inesperados dificultam o trabalho.

Plano da Consciência: Tomar consciência do campo de interferência que prejudica a própria vontade.

Relacionamento: Desavença com relação a objetivos comuns, necessidades diferentes, atrapalhar um ao outro, ter dificuldade em cumprir acordos claros, interferência de terceiros na relação.

Encoraja a: Perseguir os seus objetivos com determinação, sem deixar que empecilhos o desviem do rumo.

Alerta sobre: Subestimar distúrbios e irritações.

Como Carta do Dia: Tome cuidado, hoje, para não perder o fio da meada. Mantenha-se perseverante, paciente e assuma as suas decisões. Não se deixe desanimar, mesmo que alguém o interrompa constantemente quando estiver falando, mesmo que você fique preso em um engarrafamento ou que barreiras apareçam à sua frente, vindas de lugares inesperados. Esses empecilhos podem desviá-lo um pouco da sua rota, mas, se você não perder a sua meta de vista, irá por fim alcançá-la.

NOVE DE ESPADAS
CRUELDADE

Símbolos	Significado
Espadas apontadas para baixo, com as lâminas danificadas e ensanguentadas	Brutalidade, violência bruta, tirania
Veneno e sangue gotejando	Ambiente carregado, perigo
Estruturas desordenadas em um fundo acinzentado	Consciência afunda-se no âmbito sombrio das emoções primitivas
Elemento e número	Concentração (9) de pensamentos negativos (Ar)
Astrologia: Marte (♂) em Gêmeos (♊)	Rigidez impiedosa (♂) e premeditação calculista e desalmada (♊)

Aspectos Gerais: Adversidades, impotência, fracasso, sentimentos de culpa, preocupações, pânico.

Vida Profissional: Estados de medo, não estar apto a cumprir com as exigências, sofrer com a situação de trabalho, ter de realizar uma tarefa que se detesta, medo de provas, nervosismo ao se apresentar em público.

Plano da Consciência: Perder-se em preocupações negativas e autodestrutivas ou fantasias primitivas de violência.

Relacionamento: Medos incontroláveis, insensibilidade, sofrimento por causa de uma separação, crueldades psicológicas, amor e ódio, sede de vingança, choque.

Encoraja a: Não bancar o herói quando há uma possibilidade para escapar.

Alerta sobre: Acontecimentos desagradáveis e atitudes sobre as quais você se arrependerá mais cedo ou mais tarde.

Como Carta do Dia: Caso você hoje esteja torturando-se ou atormentando-se com dúvidas sobre si mesmo ou imaginando cenários horríveis, faça tudo o que puder para despertar o mais rápido possível desse pesadelo. Se você estiver realmente sendo ameaçado por forças externas, existem duas possibilidades de reação: se não tiver para onde correr, faça das tripas coração e enfrente a situação de uma vez por todas; porém, se houver realmente uma saída alternativa, decida-se por ela.

DEZ DE ESPADAS
RUÍNAS

Símbolos	Significado
Dez espadas dispostas na forma da Árvore da Vida	A totalidade das forças
Nove espadas destroem uma décima (com punho em forma de coração)	Forças destrutivas desencadeadas
Coração partido com estrela de dez raios	O coração de todos os dez centros de energia da Árvore da Vida são destruídos
Fundo vermelho-amarelado com estruturas agressivas	Atmosfera de "sangues quentes"
Elemento e número	Somatório (10) de pensamentos hostis (Ar)
Astrologia: Sol (☉) em Gêmeos (♊)	Fragmentação (♊) da força vital (☉)

Aspectos Gerais: Fim arbitrário, fazer tábula rasa, colocar um ponto final, dilaceramento, energias destrutivas descontroladas.

Vida Profissional: Demissão repentina, interrupção de um projeto profissional, desistência de um trabalho.

Plano da Consciência: Compreender que se precisa interromper algo.

Relacionamento: Encerrar uma relação, separação dolorosa, destruir algo por estar furioso.

Encoraja a: Colocar um ponto final e interromper algo imediatamente.

Alerta sobre: Forças destrutivas e projetos que estão condenados a fracassar.

Como Carta do Dia: Coloque um ponto final. Talvez você seja hoje obrigado a interromper ou desistir inesperadamente de algo que lhe seja muito importante. Pode acontecer também de se sentir aliviado pelo término de algo que há muito tempo vinha sendo um peso para você, deprimindo-o e atormentando. Em todo caso, você deve tomar cuidado para não se deixar levar por uma fúria destrutiva ou jogar algo para o alto, atitudes das quais possa se arrepender no futuro.

PRINCESA DE ESPADAS

Símbolos	Significado
Guerreira lutando	Impetuosidade, impulsividade arrebatada, disposição para lutar
Traje leve	Mobilidade
Elmo com cabeça de Medusa	Horror, poder
Asas rotativas e transparentes	Rapidez, agilidade
Altar vazio em nuvens de fumaça escuras	Saque, que será agora vingado
Céu tempestuoso	Espírito excitado, inquietação, fúria

Aspectos Gerais: Mulher jovem e intelectual, rebelde, mentalmente ágil e versada, ser espirituoso, clareza, renovação mental, provocação, inquietude, vontade de lutar.

Vida Profissional: Conflitos no local de trabalho, disputas por cargos, discussões esclarecedoras, rebelião.

Plano da Consciência: Análise critica de velhos padrões de pensamento.

Relacionamento: Relação movida por interesse, discussões sobre pontos de vista, atmosfera hostil, debates, maldades.

Encoraja a: Esclarecer uma situação com frieza e determinação.

Alerta sobre: "Ventos contrários", ataques e críticas ferinas.

Como Carta do Dia: Hoje você não está para brincadeiras. Você está agressivo e sente-se pessoalmente atacado mais rapidamente do que de costume. Obviamente, isso poderá causar problemas. Se você não se importar com isso, deixe que o seu mau humor corra solto. Por outro lado, poderá aproveitar a oportunidade para fazer uma autocrítica. Talvez as críticas que estejam sendo feitas a você não sejam assim tão despropositadas e sem fundamento. Se você estiver disposto a ouvir atentamente, isso poderá ajudá-lo bastante.

PRÍNCIPE DE ESPADAS

Símbolos	Significado
Figura masculina verde em uma carruagem de combate	Inconstância, falta de autocontrole, indecisão, precipitação
Esfera verde contendo pirâmide dupla	Força mental, racionalidade, espírito analítico
Pequenas figuras aladas que puxam a carruagem descoordenadamente	Pensamentos adiantados, ideias ainda desordenadas de futuras possibilidades
Asas em forma de discos amarelos contendo figuras geométricas	Intelecto inspirado
Espada	Força mental construtiva e reconhecedora
Foice	Força aniquiladora
Fundo claro, acidentado	Pensamentos incompletos, indecisão, instabilidade

Aspectos Gerais: O intelectual, a pessoa eloquente, o tecnocrata, aquele que está sempre trocando de ponto de vista, independência, desorientação, desenvoltura, ardil, cinismo.

Vida Profissional: Inconstância, ausência de diretrizes, clima de trabalho frio, decisões súbitas, ideias distantes da realidade, inovação, presença de espírito.

Plano da Consciência: Deduções precipitadas e superficiais em vez da busca de uma compreensão profunda.

Relacionamento: Resfriamento, necessidade de independência, atmosfera de partida, relação aberta ou racional, línguas afiadas.

Encoraja a: Brincar com as ideias e questionar com curiosidade.

Alerta sobre: Divagações e o perigo de perder-se nelas.

Como Carta do Dia: Hoje você estará se sentindo indeciso. Você se aborrecerá por estar disperso, por não conseguir coordenar suas muitas ideias ou por ser rejeitado pelos outros. Talvez você se confronte hoje com uma pessoa eloquente e bem esperta. Não deixe que ela o confunda com sua astúcia e não se transtorne com o seu cinismo ou pela confusão que ela provoca. O melhor a fazer é comprar essa briga.

RAINHA DE ESPADAS

Símbolos	Significado
Mulher sobre uma montanha de nuvens	Ápice do conhecimento, visão geral clara
Espada	Raciocínio claro e aguçado
Cabeça cortada de um homem	Libertação de dependências, castração mental
Coroa de cristais	Ideias cristalizadas, inteligência pura
Cabeça de criança adornando a coroa	Força renovadora
Céu azul-escuro	Espírito bondoso

Aspectos Gerais: Engenhosidade, lucidez, independência, presença de espírito, mulher racional, culta, emancipada, crítica, esperta, individualista.

Vida Profissional: Habilidade para negociar, soberania, trabalhos com o intelecto, autonomia, desenvoltura, atividade de aconselhamento ou mediação.

Plano da Consciência: Reconhecer as suas dependências e libertar-se delas.

Relacionamento: Relação justa de igual para igual, relacionamento funcional, ligação sem paixão, permanecer solteiro, terminar um relacionamento sufocante.

Encoraja a: Argumentar com lucidez e agir com independência, habilidade e esperteza.

Alerta sobre: Cinismo e frieza calculista.

Como Carta do Dia: Hoje poderá lhe ocorrer um lampejo de fato genial. Se você conseguir identificar o que o vem constrangendo ou bloqueando ultimamente, terá boa chance de conseguir libertar-se, de uma vez por todas, por meio de uma decisão clara. Preste atenção para que, nos seus esforços em agir com independência, você não seja muito radical, senão acabará afastando-se muito do seu objetivo. Hoje também pode acontecer de uma mulher inteligente desempenhar um papel importante no seu dia. Mantenha os seus ouvidos atentos para escutar o que ela tem a lhe dizer.

CAVALEIRO DE ESPADAS

Símbolos	Significado
Cavaleiro com armadura verde avançando para o ataque com espada e punhal	Capacidade intelectual determinada, perspicácia, necessidade de conhecimento
Cavalo dourado	A sabedoria mais elevada, força cognitiva
Asas rotativas e transparentes em cima do elmo	Mobilidade, rapidez, destreza
Cavaleiro e cavalo como uma unidade	Vínculo intenso entre o intelecto e o instinto
Andorinhas voando	Pensamentos direcionados para uma meta
Céu tempestuoso azul-esbranquiçado	Impetuosidade

Aspectos Gerais: Versatilidade, discernimento, flexibilidade, inteligência, objetividade, racionalidade, calculismo; homem inteligente, eloquente, espirituoso, determinado, conselheiro experiente.

Vida Profissional: Capacidades analíticas, habilidades comerciais, espírito justo de equipe, receber um bom conselho, estabelecer um contato proveitoso, conceitos direcionados a uma meta, dinâmica, atividades estratégicas de consultoria ou mediadoras.

Plano da Consciência: Direcionar-se rumo a novas metas, repleto de ideias.

Relacionamento: Relação descomplicada, porém instável; experimentos no relacionamento, pouca vontade de assumir um compromisso; relacionamento agitado que se baseia na liberdade de escolha e não na obrigação.

Encoraja a: Distanciar-se para poder fazer uma ideia objetiva da situação.

Alerta sobre: Ser conduzido apenas por pensamentos teóricos.

Como Carta do Dia: Hoje você irá diretamente ao seu objetivo. Você poderá entusiasmar as outras pessoas com os seus planos, já que possui os conceitos mais convincentes e os melhores argumentos, além de apresentá-los com charme e espirituosidade. Aproveite essa clareza mental, sobretudo para tomar decisões que já deveriam ter sido tomadas. Caso você esteja com um problema que não consegue resolver há muito tempo, procure hoje a ajuda profissional de um especialista.

ÁS DE DISCOS

Símbolos	Significado
Moeda dourada no centro de uma esfera móvel esverdeada, contendo três anéis no seu interior	Da união de opostos (1 e 2) surge uma nova vida (3)
O número 666 no ponto central	Número da Grande Besta do Apocalipse
O número 1 acima do número 666	O símbolo da "Prostituta Babilônia", aquela que cavalga a Besta[42] (o seu número é 666 + 1 = 667)
ΤΟ ΜΕΓΑ ΘΗΡΙΟΝ (grego *To Mega Therion* = a Grande Besta)	Nome da Besta do Apocalipse, "título" que Crowley conferiu a si próprio
Estrela de sete pontas cercada por dois pentagramas sobrepostos, que constituem o ponto central de um decágono	Selo sagrado da Ordem Astrum Argentum, uma das ordens místicas fundadas por Crowley
Elemento e número	Chance (1) enriquecedora (Terra)
Astrologia: Os signos do Elemento Terra: Touro (♉), Virgem (♍), Capricórnio (♑)	Prazer (♉), senso de realidade (♍) e estabilidade (♑)

---

42. Ver a ilustração do Trunfo XI = Volúpia.

Aspectos Gerais: Prosperidade, sorte no âmbito material, saúde, força interior e exterior, estabilidade, chance de um êxito duradouro, sensualidade.

Vida Profissional: Boa chance para ganhar dinheiro e progredir profissionalmente, emprego garantido, negócios promissores.

Plano da Consciência: Experiências e conhecimentos valiosos e enriquecedores.

Relacionamento: União sólida e duradoura, atração física, desfrute de prazeres sensuais.

Encoraja a: Aproveitar a chance para alcançar algo valioso e desfrutá-lo.

Alerta sobre: Assumir uma atitude puramente materialista e gananciosa.

Como Carta do Dia: Tente hoje forjar a sua própria sorte. Procure uma pechincha, seja indo às compras, em uma agência de viagens ou no boletim de cotação da bolsa de valores. Reconheça a oportunidade que se apresenta principalmente para todas as intenções e investimentos que não tenham como objetivo vantagens a curto prazo. Coloque hoje a pedra fundamental para um projeto no qual as perspectivas a longo prazo lhe sejam muito importantes.

DOIS DE DISCOS
MUDANÇA

Símbolos	Significado
Serpente coroada, mordendo a sua própria cauda e formando assim um oito deitado (símbolo do infinito) e, com isso, englobando dois símbolos Yin-Yang	Eterna interação e mudança no campo de tensão das polaridades originais
Quatro triângulos: símbolos dos quatro elementos nas suas cores respectivas	Mudança em todos os planos da existência
Fundo violeta	Fé, confiança
Elemento e número	Combinação (2) de possibilidades concretas (Terra)
Astrologia: Júpiter (♃) em Capricórnio (♑)	Expansão (♃) e concentração (♑)

Aspectos Gerais: Modificação, intercâmbio flexível, fertilização mútua, variação.

Vida Profissional: Troca de emprego, reestruturação, estabilização dos objetivos alcançados ou novo crescimento após uma consolidação bem--sucedida.

Plano da Consciência: Compreensão da importância vital dos ritmos de crescimento e retrocesso.

Relacionamento: Cotidiano movimentado, novo impulso, transformações dentro de uma união estável, paquera descompromissada.

Encoraja a: Dedicar-se ao polo oposto, que era até o momento o mais negligenciado.

Alerta sobre: Dispersar-se por ser inconstante.

Como Carta do Dia: Hoje você poderá se confrontar com um conflito de interesses, no qual tenha de jogar com aparentes contradições. Permaneça flexível e deixe as opções abertas. Qualquer atitude parcial irá agora conduzi-lo forçosamente a um beco sem saída, no qual você será, por causa de circunstâncias externas, obrigado a modificar as suas ideias. Se, por outro lado, você dispuser de possibilidades variadas, será possível agregar posições, que até o momento eram opostas, para formar uma totalidade.

TRÊS DE DISCOS
TRABALHO

Símbolos	Significado
Pirâmide de luz	Cristalização da força criadora
Três rodas vermelhas, sobre as quais a pirâmide está apoiada	A trindade poderosa entre o corpo, a mente e a alma produz as formas visíveis da nossa realidade tridimensional
Oceano agitado ao fundo	Potencial original inesgotável, do qual tudo é criado
Elemento e número	Valores (Terra) seguros e estáveis (3)
Astrologia: Marte (♂) em Capricórnio (♑)	Elaborar e dar forma (♂) à realidade, à matéria (♑), com vigor (♂) e uma resistência perseverante (♑)

Aspectos Gerais: Tomar atitudes concretas, realizar ideias, estabelecer estruturas, avançar lentamente, porém com continuidade, perseverança, consolidação.

Vida Profissional: Estabilizar o que já foi alcançado, fazer progressos, realizar projetos, fase de edificação profissional, criatividade, dedicação e capacidade, trabalho sólido.

Plano da Consciência: Esforçar-se para obter os fatos.

Relacionamento: Construção de uma relação saudável, estabilidade, enfrentar o dia a dia juntos, cooperação harmônica.

Encoraja a: Proteger e consolidar bem o que já foi alcançado.

Alerta sobre: Dinamismo desorientado.

Como Carta do Dia: Hoje você deve arregaçar as mangas. Está na hora de realizar com determinação aquela tarefa que você vem adiando com desânimo até o momento. Isso poderá significar construir um novo futuro; organizar o seu jardim, fazer um saneamento nas bases da sua relação ou estruturar as suas finanças, tanto faz. Remova da sua frente as coisas que estão bloqueando o seu caminho e leve o seu plano adiante passo a passo, até que você esteja satisfeito com o resultado.

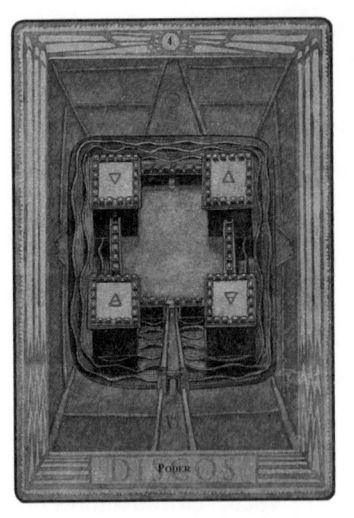

QUATRO DE DISCOS
PODER

Símbolos	Significado
Quatro torres quadradas como pilares de uma fortaleza quadrada	Estabilidade, lei, estrutura e ordem
Área cercada por muros e fossos	Refúgio seguro
Equilíbrio dos Quatro Elementos: Fogo (△), Ar (△), Terra (▽), Água (▽)	Estabilidade, controle da realidade
Elemento e número	Segurança (Terra) estável (4)
Astrologia: Sol (☉) em Capricórnio (♑)	Realização pessoal e vitalidade (☉) por meio de segurança, estrutura e ordem (♑)

Aspectos Gerais: Estabilidade, garantia, senso de realidade, controle, estruturação.

Vida Profissional: Aumento de segurança e poder, elaboração clara de conceitos, distanciamento saudável, resolução de problemas, colocar ordem, habilidade para organizar.

Plano da Consciência: Apostar em conhecimentos já comprovados.

Relacionamento: Consolidação da relação, estabelecer relações claras, proteger a relação de ameaças externas.

Encoraja a: Estabelecer limites e proteger o que já foi alcançado.

Alerta sobre: Enfrentar o mundo com uma viseira na frente dos olhos.

Como Carta do Dia: Hoje você conseguirá resolver algo que já o aborrece há muito tempo. Você conseguirá afastar o que o tem incomodado ou esclarecer e estruturar uma situação confusa. Não hesite em demarcar o seu terreno nitidamente e proteger-se de ataques invejosos ou hostis. Assuma responsabilidades e concentre-se completamente nas coisas que estão ao seu encargo. Aproveite o dia, se for possível, para colocar algo importante a salvo.

CINCO DE DISCOS
PREOCUPAÇÃO

Símbolos	Significado
Cinco discos ligados por linhas, no centro dos quais está representado um símbolo dos cinco Tattwas[43] respectivamente	A coordenação de forças
As linhas que unem os discos formam um pentagrama com a ponta virada para baixo	Conexão de influências negativas, direcionamento errado
Luz irradiada pela engrenagem	Boas possibilidades no segundo plano, que são encobertas por um desenvolvimento desfavorável
Elemento e número	Crise (5) material (Terra)
Astrologia: Mercúrio (☿) em Touro (♉)	Raciocínio (☿) imobilizado, obstinado (♉)

---

43. Elementos sutis que constituem a realidade, na visão de mundo da cultura indiana.

Aspectos Gerais: Perplexidade, medo de perder algo, dificuldade, esforços improdutivos, frustração, nada funciona.

Vida Profissional: Crise econômica, falta de perspectivas, cargo instável, assédio moral, trabalho em projetos deteriorados, projetos sem perspectivas.

Plano da Consciência: Envolver-se com pesadelos e pensamentos negativos.

Relacionamento: Ligação desgastada, exercer uma influência negativa um no outro, crise no relacionamento, medo de perder algo, prejudicar-se mutuamente, fazer acusações maldosas um ao outro insistentemente.

Encoraja a: Dar uma guinada e tomar um outro rumo.

Alerta sobre: Envolver-se cada vez mais profundamente em uma situação sem saída.

Como Carta do Dia: Hoje a maré estará baixa para você financeiramente, ou por algum motivo você será obrigado a restringir os seus gastos. De qualquer forma, não será um dia em que as coisas correrão facilmente. Se você estiver envolvido em uma situação problemática, não se torture mais desnecessariamente. Verifique se o seu esforço ainda vale a pena. Ainda que a constatação seja dolorosa, talvez tenha chegado a hora de seguir outro caminho mais promissor e que o poupe de mais frustrações.

SEIS DE DISCOS
SUCESSO

Símbolos	Significado
Estrela de seis pontas e hexágono circundam um círculo de luz	União harmoniosa, intensa e fértil
Seis discos com os símbolos da Lua, Mercúrio, Vênus, Marte, Júpiter e Saturno sob a luz do Sol	Interação harmoniosa das forças dos planetas sob uma luz favorável
Rosa-cruz no ponto central	Força espiritual, luz interior
Fundo avermelhado	Aurora, nascer do Sol
Elemento e número	Ligação bem-sucedida (6), valores materiais (Terra)
Astrologia: Lua (☽) em Touro (♉)	Fertilidade (☽) e crescimento (♉), sentimentos (☽) de abundância e de prazer (♉)

Aspectos Gerais: Crescimento, lucro material, interação favorável de forças, desenvolvimento satisfatório.

Vida Profissional: Cooperação frutífera, boa situação financeira, atividade lucrativa, novo começo com promessa de êxito, bom planejamento e coordenação.

Plano da Consciência: Superar as contradições internas e ficar em paz consigo mesmo.

Relacionamento: Harmonia, ligação frutífera, apoio mútuo, felicidade no amor.

Encoraja a: Aproveitar as condições favoráveis para a realização de um propósito.

Alerta sobre: Não destruir o equilíbrio das forças por causa de expectativas exageradas ou tendenciosas.

Como Carta do Dia: Este dia será um sucesso. Se for preciso, reúna forças para tomar um novo impulso. Você realizará com facilidade tudo aquilo que até agora estava confuso ou vinha dando errado, seja isso um trabalho incômodo, a complicada coordenação dos seus compromissos ou o seu programa de exercícios físicos. Mesmo que se trate de uma melhoria das suas condições financeiras, de qualquer forma, não deixe que este dia passe sem que o aproveite.

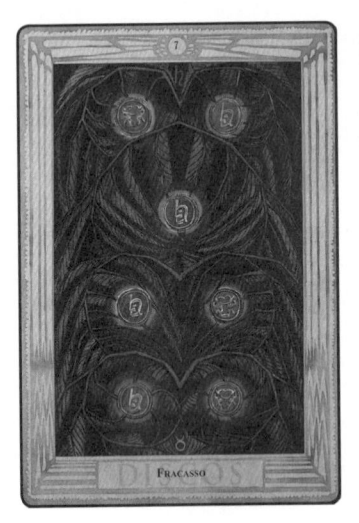

SETE DE DISCOS
FRACASSO

Símbolos	Significado
Sete discos de Saturno feitos de chumbo e pendurados em plantas murchas	Desmoronamento, enfraquecimento, perecimento
Discos arrumados como na figura geomântica *Rubeus*	Infortúnio
Fundo escuro roxo-azulado	Mundo das sombras, definhar da vida, caos
Elemento e número	Segurança (Terra) ameaçada (7)
Astrologia: Saturno (♄) em Touro (♉)	Bloqueio, fim, despedida (♄) de posses e estabilidade (♉)

Aspectos Gerais: Esperanças destruídas, circunstâncias desgastadas, azar, infelicidade, pessimismo, perda.

Vida Profissional: Fracasso de um projeto, alerta sobre investimentos errados, ameaça de demissão, falência, desemprego.

Plano da Consciência: Tomar conhecimento dos lados efêmeros e ameaçadores da vida.

Relacionamento: Tempos mórbidos, crise, medo da perda, reconciliação fracassada, desmoronamento de um relacionamento.

Encoraja a: Reconhecer a falta de perspectivas e afastar-se.

Alerta sobre: Fracassos e agarrar-se ao que já está morto.

Como Carta do Dia: Tome cuidado, pois algo pode dar errado. É melhor deixar para fazer amanhã as coisas que são de fato importantes para você. Talvez você tenha de presenciar o perecimento ou definhamento de algo. Não tente manter isso vivo artificialmente. O seu tempo já chegou ao fim. Quanto mais rápido você se der conta disso, mais cedo terá a chance de superar a decepção e a crise que acompanham essa situação.

OITO DE DISCOS
PRUDÊNCIA

Símbolos	Significado
Oito discos posicionados como a figura geomântica *Populus* ⁚ ⁚	Lucrar ao não fazer nada
Árvore bem enraizada	Crescimento sadio
Flores vermelhas de cinco pétalas, protegidas por folhas	Frutos vigorosos amadurecem sob uma proteção
Fundo amarelo-dourado	Percepção clara
Solo verde-avermelhado	Vitalidade natural
Elemento e número	Novo começo (8) cauteloso (Terra)
Astrologia: Sol (☉) em Virgem (♍)	Índole (☉) atenciosa, prudente, cautelosa (♍)

Aspectos Gerais: Reinício cuidadoso, moderação, habilidade, zelo, paciência.

Vida Profissional: Procedimento taticamente inteligente, habilidade ao negociar, previsão cuidadosa, poder esperar por uma ocasião mais favorável, deixar que o tempo trabalhe a seu favor.

Plano da Consciência: Compreensão profunda dos processos naturais de crescimento.

Relacionamento: Recomeço cauteloso, relação atenciosa entre os parceiros, vínculo amadurecido, planos familiares, expectativas realistas.

Encoraja a: Aproximar-se cautelosamente de um propósito e deixar que o tempo trabalhe a seu favor.

Alerta sobre: Ideias que ainda não estão amadurecidas e uma colheita antes do tempo.

Como Carta do Dia: Recoste-se e deixe que o tempo trabalhe por você. Você tem um bom faro para perceber o que é viável e deverá planejar com calma todos os passos seguintes. Somente impaciência, leviandade e burrice podem impedir um bom resultado. Por isso, não se deixe pressionar por uma eventual pressa no ambiente à sua volta. De preferência, em vez disso, faça alguma coisa pelo seu bem-estar físico e mental.

NOVE DE DISCOS
GANHO

Símbolos	Significado
Nove discos, dos quais seis são representados como moedas	Solidificação e materialização das perspectivas de êxito da carta SEIS DE DISCOS
O grupo de cima representa os planetas masculinos Marte (♂), Júpiter (♃), Saturno (♄)	Crescimento externo, ambição mental
O grupo de baixo representa Mercúrio (☿) (andrógino) e os planetas femininos Lua (☽) e Vênus (♀)	Profundidade emocional, confiança instintiva
Grupo no centro com círculos e raios verdes, vermelhos e azuis	Água, Fogo e Ar unem-se em frente ao fundo cor de terra = realização, concretização
Tons de verde intenso ao fundo	Solo fértil
Elemento e número	Concentração (9) de possibilidades valiosas (Terra)
Astrologia: Vênus (♀) em Virgem (♍)	Fortuna (♀) faz a colheita (♍)

Aspectos Gerais: Mudança de rumo favorável, prosperidade, golpe de sorte, aumento de bens materiais.

Vida Profissional: Aproveitar uma chance lucrativa, tarefa recompensadora, modificações agradáveis, aumento de salário, realização profissional, ter lucros.

Plano da Consciência: Percepções surpreendentes e enriquecedoras.

Relacionamento: Encontro que traz felicidade, sentir-se realizado quando se está a dois, desenvolvimentos agradáveis, uma mudança favorável.

Encoraja a: Confiar na sua própria sorte.

Alerta sobre: Passar da hora certa de recolher os lucros.

Como Carta do Dia: Prepare-se para uma surpresa agradável. Ela poderá vir pelo correio, chegar como uma visita inesperada ou possivelmente estar à sua espera no seu local de trabalho. Também não fará mal se você der uma ajudazinha à sua própria sorte, tomando uma iniciativa. Aproveite o momento propício e saia à caça do tesouro. Faça alguma coisa que você até então nunca tenha ousado, experimente algo novo ou compre ao menos um bilhete de loteria.

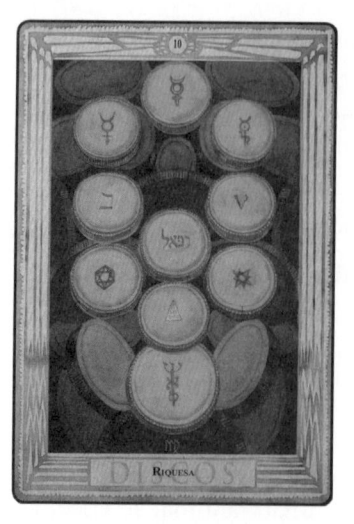

DEZ DE DISCOS
RIQUEZA

Símbolos	Significado
Dez discos representados como moedas de ouro	Riqueza exterior
Disposição das moedas na forma da Árvore da Vida[44]	Riqueza interior
Símbolos mágicos de Mercúrio	Fascinação exercida pelo dinheiro e saber lidar habilmente com ele
O disco que se encontra na posição mais baixa[45] é o maior de todos	Perigo de superestimar o significado de posse e afundar em uma ambição materialista
Discos roxo-enegrecidos ao fundo	Advertência sobre estagnação e inutilidade
Elemento e número	Abundância (10) de valores sólidos (Terra)
Astrologia: Mercúrio (☿) em Virgem (♍)	Inteligência e habilidade (☿) na área comercial (♍)

---

44. Símbolo cabalístico que representa a totalidade da criação.
45. A posição mais baixa na Árvore da Vida cabalística corresponde à Terra.

Aspectos Gerais: Sucessos concretos, riqueza, condições garantidas, ter alcançado a sua meta.

Vida Profissional: Bons negócios, condições de trabalho ideais, negociações bem-sucedidas, cotidiano de trabalho satisfatório, segurança.

Plano da Consciência: Tomar consciência da sua própria riqueza interior e exterior.

Relacionamento: Valorização da relação, rede de relações estável, convivência prazerosa, desfrutar a riqueza do relacionamento.

Encoraja a: Fazer bons negócios e alegrar-se pelo sucesso.

Alerta sobre: Preguiça e acúmulo de bens materiais de uma forma sem sentido.

Como Carta do Dia: Hoje, utilize os vários recursos disponíveis. Os frutos estão só esperando para serem colhidos. Tome consciência da sua riqueza e proporcione algo de bom para si e para os outros. Se você estiver para fechar um negócio, ou se aparecer uma boa oportunidade para ganhar dinheiro, você deve aproveitar o dia para fazê-lo. Tudo o que você tocar hoje tem a tendência de se transformar em ouro.

PRINCESA DE DISCOS

Símbolos	Significado
Mulher grávida	Força criadora
Ponta de cristal luminoso	Luz cristalina, que nasce da matéria escura
Lança que penetra a terra	Junção física entre a energia masculina e a feminina
Manta de pele de ovelha, chifres de carneiro	Comunhão com a natureza, selvageria original
Rosa da deusa Ísis com o símbolo Yin-Yang no centro	União harmoniosa entre as energias masculina e feminina originais, que geram beleza e vida nova
Árvores que se erguem para o céu com raízes luminosas	O bosque sagrado, que une o Céu à Terra

Aspectos Gerais: Mulher jovem, sensual e fértil, naturalidade, criatividade, crescimento, gravidez.

Vida Profissional: Trabalho na natureza ou para a natureza, atividade prática, atividade manual, trabalho com animais ou plantas, perspectivas lucrativas, criatividade.

Plano da Consciência: Disposição para deixar-se "fertilizar".

Relacionamento: Relacionamento sensual, amor caloroso, vínculo duradouro e fértil, aumento da família, construir algo conjuntamente.

Encoraja a: Captar um impulso fecundo e empregá-lo com criatividade.

Alerta sobre: Fixar-se unicamente a valores materiais.

Como Carta do Dia: Hoje, você se encontra no terreno da realidade. Atividades concretas irão atrai-lo muito mais do que ideias mirabolantes e especulativas. Com o seu senso prático para solucionar as coisas, você conseguirá com facilidade organizar o seu dia a dia. Caso o trabalho no jardim ou algum outro trabalho manual tenha sido negligenciado nos últimos tempos, você sentirá hoje prazer em realizar essas tarefas. Além disso, sentirá uma enorme vontade de se deliciar com os prazeres da vida. Reserve para isso bastante tempo e aproveite a ótima oportunidade.

PRÍNCIPE DE DISCOS

Símbolos	Significado
Homem nu em uma carruagem puxada por um touro, com um elmo em forma da cabeça de touro	Força selvagem, sensualidade
Globo com círculos e a figura de um paralelepípedo no centro	Mundo dos aspectos visíveis, as estruturas da ordem cíclica
Cetro	Coroação da obra
Círculos concêntricos ao fundo	Ciclos no decorrer do ano
Espigas e flores	Fertilidade, comunhão com a natureza
Frutos na carruagem	Fertilidade e potência

Aspectos Gerais: Homem jovem e enérgico, homem de ação, pessoa com capacidade de resistência imperturbável (um "rolo compressor"), senso de realidade, pessoa consequente, perseverança, concentração, atividade.

Vida Profissional: Trabalhar com perseverança na direção de uma meta estipulada, talento para o comércio, atividade recompensadora, relação profissional duradoura, agricultura e jardinagem.

Plano da Consciência: Aguçar o senso de realidade.

Relacionamento: Estabilidade, experiências sensuais intensas, confiabilidade, sentir-se seguro, construir alguma coisa conjuntamente.

Encoraja a: Manter-se firme e concretizar suas metas com perseverança e coerência.

Alerta sobre: Mania de onipotência e obstinação sem fantasia.

Como Carta do Dia: Hoje, ninguém ou nada poderá derrubá-lo. Você seguirá o seu caminho firmemente com a resistência e o senso de realidade necessários para concretizar com êxito as suas tarefas. Você estará sentindo-se tão forte e em tão boa forma que certamente não se esquivará de nenhuma prova de força. Porém, você iria gostar mais ainda de se dedicar a um prazer sensual, o qual você pudesse desfrutar intensamente.

RAINHA DE DISCOS

Símbolos	Significado
Mulher sentada em um trono em forma de abacaxi	Rainha da fertilidade, Mãe Terra
Armadura feita de moedas	Segurança, senso para valores materiais
Enormes chifres retorcidos como adorno na cabeça	Força instintiva, vitalidade, libido
Cetro com cristal direcionado para o alto	Percepção clara, ligação entre o espírito e a matéria
Esfera com círculos que se interceptam	Ciclo eterno de nascimento e morte
Deserto com rio ao fundo	Escassez e solidão superadas
Cabrito montês sobre globo terrestre	Representante da perseverança do elemento Terra

Aspectos Gerais: Fertilidade, proteção e aconchego, sensualidade, serenidade, perseverança, mulher experiente e madura, mãe, tranquilidade, paciência, estabilidade, confiabilidade.

Vida Profissional: Disposição para assumir responsabilidades, projetos que valem a pena, estabilidade, capacidades práticas, administrar com competência, garantia profissional.

Plano da Consciência: Confiar pacientemente nos ciclos naturais da vida.

Relacionamento: Confiança mútua, estabilidade, relação madura, fidelidade, constituir uma família, proteção e aconchego.

Encoraja a: Dedicar-se a uma tarefa concreta com perseverança e paciência.

Alerta sobre: "Matar-se de trabalhar" sem ter razão e esforçar-se de uma forma sem imaginação para acumular bens.

Como Carta do Dia: Hoje, não se deixe confundir por ninguém ou ser colocado sob pressão. Faça aquilo que você resolveu fazer com calma e tranquilidade. Você sabe que um bom vinho leva anos para amadurecer. Por isso, não perca de vista a sua meta a longo prazo, e semeie seu campo com paciência e cuidado, para que você possa colher abundantemente. Hoje também uma mulher com um instinto materno e um carisma natural e sensual pode desempenhar um papel importante para você. Confie no conselho que ela lhe dará.

CAVALEIRO DE DISCOS

Símbolos	Significado
Cavaleiro montado em um cavalo robusto que está parado	Comunhão com a terra, natureza instintiva, senso de realidade, firmeza
Armadura negra	Segurança
Sela vermelha	Atividade, natureza impulsiva e criadora, potência procriadora
Mangual e cereais maduros	Colheita, fertilidade
Elmo aberto para trás, adornado com cabeça de veado	Percepção ampliada, abertura para aspectos intelectuais
Escudo negro circundado por círculos luminosos	O espírito criativo une-se à matéria

Aspectos Gerais: Firmeza, sobriedade, perseverança, valores estáveis, confiança, retidão, homem maduro e sensual, realista, pragmático, garantia de segurança.

Vida Profissional: Cargo de responsabilidade, habilidade para o comércio, maneira coerente de proceder, bons negócios, rendimentos seguros, qualidades práticas, senso sólido para assuntos que dizem respeito a bens imobiliários.

Plano da Consciência: Tomar consciência da responsabilidade que resulta de se possuir algo.

Relacionamento: Relação estável, sensualidade, valorização mútua, confiança.

Encoraja a: Desfrutar de uma conquista e empregar seus meios e suas possibilidades responsavelmente.

Alerta sobre: Teimosia e acúmulos desnecessários.

Como Carta do Dia: Hoje, você deve contemplar os frutos dos seus esforços e desfrutar do seu sucesso. Tome consciência da sua riqueza e descanse sobre os louros da vitória. Se lhe ocorrerem ideias sobre planos que você gostaria de realizar a seguir, é um bom sinal. Mas, tão bom e tão importante quanto isso, seria nos próximos tempos proteger intensamente o que já foi conquistado. Talvez um homem bondoso, porém com um jeito austero, desempenhe um papel importante para você no dia de hoje. Ouça os seus conselhos ou aceite as suas sugestões.

EXEMPLOS DE INTERPRETAÇÃO

1º Exemplo

O exemplo a seguir mostra, com base no sistema de disposição O JOGO DO PLANO, como os textos encontrados neste livro podem ser usados para a interpretação das cartas.

A consulente encontrava-se havia muito tempo em uma crise emocional profunda e queria saber, pelas cartas, o que deveria fazer para encontrar novamente a alegria de viver. Ela tirou as seguintes cartas:

CARTA 2

CARTA 3

CARTA 1

CARTA 5

CARTA 4

A INTERPRETAÇÃO:

1ª Carta: Indicador = SETE DE DISCOS (FRACASSO)

O indicador dá uma pista importante sobre a pergunta que foi feita. Em vista do tema da pergunta, deve-se olhar o significado desta carta na rubrica "plano da consciência". Lá, encontra-se escrito: "Tomar conhecimento dos lados efêmeros e ameaçadores da vida".

2ª Carta: A força que impulsiona a consulente = DOIS DE BASTÕES (DOMÍNIO)

Aqui, além da afirmativa encorajadora dos aspectos gerais do significado da carta: "combatividade, coragem, prazer em correr riscos", devemos novamente levar em consideração a rubrica "plano da consciência", que diz: "reconhecer os processos destrutivos como condição necessária para chegar a uma fase produtiva".

3ª Carta: Objeções ou apoios externos = QUATRO DE DISCOS (PODER)

A consulente vivencia estabilidade e estrutura vindas de fora e possivelmente também controle.

4ª Carta: Assim não funcionará = PRÍNCIPE DE BASTÕES

O Príncipe de Bastões indica o que ela não deve fazer, a maneira pela qual ela não conseguirá sair da sua crise. O seu significado nessa posição pode ser lido na rubrica "alerta sobre": "Satisfação espontânea de desejos, à custa de objetivos a longo prazo".

5ª Carta: Assim funcionará = CINCO DE BASTÕES (DISPUTA)

Por outro lado, ela conseguirá superar a sua crise se seguir a sugestão dada pela carta, que pode ser lida na rubrica "encoraja a": "Ousar algo novo e entrar em uma competição".

SÍNTESE:

As chances são boas. A carta inicial (FRACASSO) mostra claramente a essência dessa crise. A força impulsionadora (DOMÍNIO) está favoravelmente intensa, o apoio externo (PODER) é positivo e estabilizador, e o alerta (PRÍNCIPE DE BASTÕES) de que satisfação de desejos não traz soluções é extremamente esclarecedor. O conselho orientador (DISPUTA) elucida imediatamente a situação para a consulente; esse incentivo, para que se ouse algo novo, recebe um reforço valioso por meio da 2ª carta (DOMÍNIO), que mostra que a consulente se sente impelida no íntimo, exatamente para essa direção.

QUINTESSÊNCIA:

A soma resultante de todas as cartas é 18 e indica como quintessência as cartas A LUA (XVIII) e O EREMITA (IX). Este é o conselho final do Tarô: "Siga o caminho do medo cautelosamente, porém determinadamente. Busque a luz no final do túnel (A LUA). Enquanto isso, não se deixe influenciar nem irritar por ninguém; pelo contrário, mantenha-se fiel a si mesmo (O EREMITA)".

2º Exemplo

O próximo exemplo demonstra quão evidente o Tarô pode ser, nas perguntas relativas a uma tomada de decisão. O consulente, que há vários anos viajava constantemente entre Viena e Munique por razões profissionais e particulares, colocou O JOGO DA DECISÃO para perguntar se ele deveria ir, dentro dos 12 meses seguintes, morar com sua companheira em Munique de uma vez por todas. As cartas responderam o seguinte:

CARTA 5

CARTA 1

CARTA 3

CARTA 7

CARTA 4

CARTA 2

CARTA 6

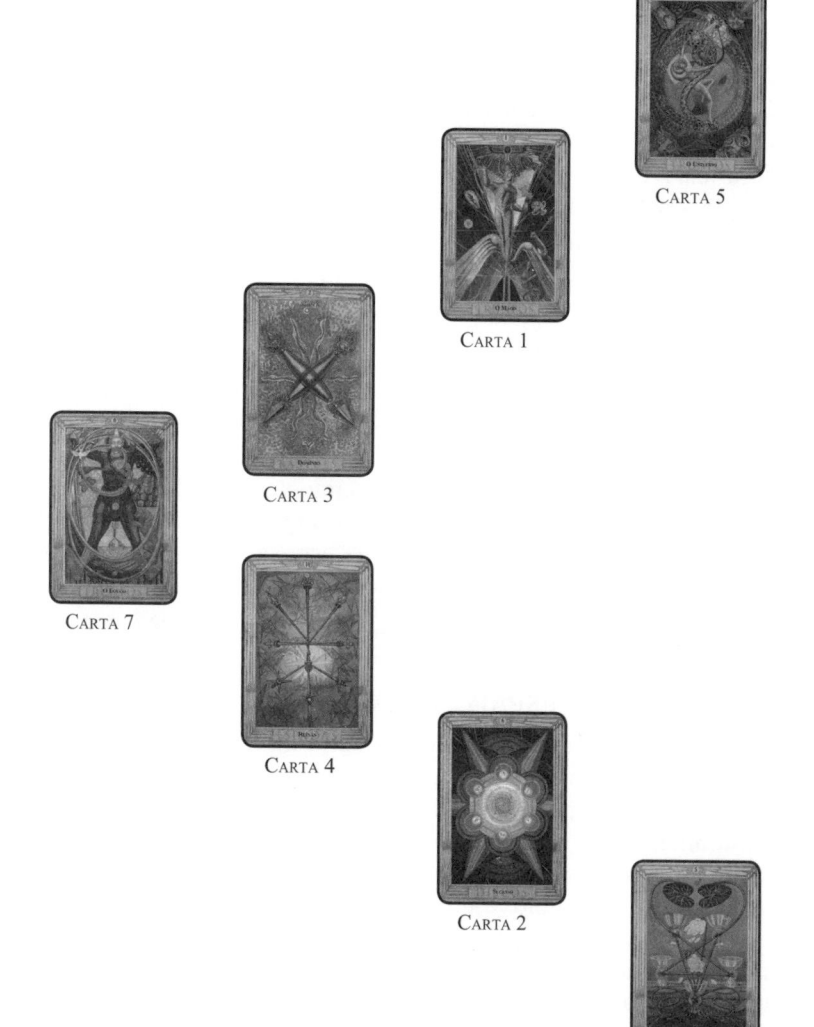

A INTERPRETAÇÃO:

7ª Carta: Indicador = O LOUCO

Entre as palavras-chave sobre essa carta, encontramos "novo começo" e "partida para o desconhecido", o que, em razão da pergunta, não surpreende muito. Com relação à vida profissional, a carta pode significar "começar do zero" e, no âmbito dos relacionamentos, "desejo de curtir a vida". Temas que o consulente pode relacionar facilmente com a sua possível mudança.

A 3ª, a 1ª e a 5ª carta mostram as tendências no caso de o consulente mudar-se para Munique.

3ª carta = DOIS DE BASTÕES (DOMÍNIO)

No início do caminho, encontram-se coragem e prazer em correr riscos. Como consequência profissional dessa mudança, a carta significa enfrentar novos desafios. No plano particular, a carta promete, além de uma atmosfera inflamada, talvez também alguns atritos e disputas de poder.

1ª carta = O MAGO

Ele demonstra maestria em todos os planos e evidencia, dessa forma, que os desafios iniciais serão logo superados habilmente.

5ª carta = O UNIVERSO

O significado "estar no lugar certo" e o fato dessa tratar-se de uma carta sinalizadora[46] deixam claro que as perspectivas a longo prazo também são extremamente satisfatórias.

Essas cartas apontam tão inequivocadamente para Munique que não poderiam ser mais evidentes. (Para que não haja nenhuma dúvida entre os mais descrentes, é bom deixar claro que esta se trata de uma consulta autêntica e não de um exemplo imaginado!)

A 4ª, a 2ª e a 6ª carta mostram as tendências no caso de o consulente continuar em Viena.

4ª carta = DEZ DE ESPADAS (RUÍNA)

O ponto final ou rompimento que a carta indica pode ter vários significados. Normalmente, nessa posição indica que uma recusa ao caminho de cima será vivenciada como um corte arbitrário ou até mesmo violento. Ela pode também exprimir que esse caminho de baixo não poderá ser percorrido sem dificuldades e que começará com uma ruptura repentina. O que corresponderia, por exemplo, a uma mudança inesperada ou involuntária dentro mesmo de Viena. Finalmente, a carta pode estar também alertando para o fato de que uma tomada de decisão contra Munique poderia ter como consequência o fracasso do relacionamento. Essa interpretação torna-se improvável pelas próximas cartas.

2ª carta = SEIS DE DISCOS (SUCESSO)

"Interação favorável de forças" significa que, depois das dificuldades iniciais, as coisas desenvolver-se-ão favoravelmente, mas, pelo que é mostrado nas cartas seguintes, não permanecerão assim por muito tempo.

6ª carta = CINCO DE COPAS (DESAPONTAMENTO)

O caminho de baixo promete coisas nada boas e leva à decepção de expectativas, desaparecimento de esperanças e constatações dolorosas.

---

46. Ver página 62.

SÍNTESE E QUINTESSÊNCIA:

Além da recomendação clara e evidente para seguir o caminho promissor e mudar-se para Munique, as cartas ainda dão uma dica adicional de como a decisão deve ser tomada. O resultado da soma das cartas é 45 e leva como quintessência (9) ao EREMITA, que dá o seguinte conselho: "Recolha-se dentro de si para descobrir realmente o que você quer. Não se deixe influenciar por ninguém. Reúna suas forças antes de arriscar a dar um passo na direção do novo".

Glossário

Arcanos: Termo derivado do plural da palavra em latim *arcanum = segredo*. Designação para todas as cartas do Tarô, que são divididas em Arcanos Maiores e Arcanos Menores.

Arcanos Maiores: As 22 cartas — também chamadas de Trunfos —, que mostram imagens individuais, possuem um nome (O LOUCO, O MAGO, A ALTA SACERDOTISA, etc.) e são numeradas de 0 a XXI.

Arcanos Menores: As 56 cartas que consistem em quatro naipes (Bastões, Copas, Espadas e Discos) de 14 cartas cada um.

Ás: A primeira carta de cada naipe, que corresponde ao número 1.

Baralho: O conjunto completo das 78 cartas do Tarô.

Bastões: O símbolo do Tarô que corresponde ao Elemento Fogo.[47]

Cartas da Corte: Princesa, Príncipe, Rainha e Cavaleiro. As cartas dos Arcanos Menores que são denominadas de acordo com a corte do Rei.

Cartas de cabeça para baixo: Ver cartas invertidas.

Cartas invertidas: Cartas que, ao serem viradas depois de tiradas, estão de cabeça para baixo. Elas recebem, por alguns intérpretes, um significado distinto das cartas que, ao serem viradas, encontram-se na posição normal.

Cartas numeradas: As dez cartas de cada naipe, que são numeradas de 1 até 10, sendo que o Ás corresponde ao número 1.

Copas: O símbolo do Tarô que corresponde ao Elemento Água.

Discos: O símbolo do Tarô que corresponde ao Elemento Terra. Em outras cartas de Tarô, também chamado de Moedas ou Pentáculos.

Espadas: O símbolo do Tarô que corresponde ao Elemento Ar.

Indicador: a) A carta do meio, por exemplo no JOGO DO RELACIONAMENTO ou no JOGO DA DECISÃO, que representa a atual situação do

---

47. Em outros baralhos, também chamado de Paus.

relacionamento ou o assunto em questão. b) Uma carta que é escolhida, por alguns intérpretes, no início de uma consulta para simbolizar o(a) consulente, e que é colocada ao lado das outras ou embaixo da primeira carta.

Naipe: As quatro séries de cartas dos Arcanos Menores, que consistem, cada uma, em 14 cartas, com os mesmos símbolos: Bastões, Copas, Espadas ou Discos.

Quintessência: O conselho final dado pelo Tarô em uma consulta, que resulta da soma de todas as cartas que se encontram dispostas no jogo.

Série: Ver naipes.

Trunfos: Ver Arcanos Maiores.

Bibliografia utilizada e recomendada

AKRON e Hajo Banzhaf. *Der Crowley-Tarot*. Munique: Hugendubel, 1991.

BANZHAF, Hajo. *Der Mensch in seinen Elementen*. Munique: Goldmann, 1994.

———.*Das Tarot-Handbuch*. Munique: Hugendubel,1986.

———. *Das Arbeitsbuch zum Tarot*. Munique: Hugendubel, 1988.

———. *Schlüsselworte zum Tarot*. Munique: Goldmann, 1990.

BANZHAF, Hajo e Anna Haebler. *Schlüsselworte zur Astrologie*. Munique: Hugendubel, 1994.

BANZHAF, Hajo e Brigitte Theler. *Du bist alles, was mir fehlt*. Munique: Hugendubel, 1996.

BECKER, Udo. *Lexikon der Symbole*. Freiburg: Herder, 1992.

BIEDERMANN, Hans. *Knaurs Lexikon der Symbole*. Munique: Knaur, 1989.

BÜRGER, Evelin e Johannes Flebig, *Tarot – Spiegel Deiner Möglichkeiten*. Trier: Kleine Schritte, 1991.

COOPER, J.C. *Illustriertes Lexikon der traditionellen Symbole*. Wiesbaden: Drei Lilien, [s.d].

CROWLEY, Aleister. *Das Buch Thot*, Munique: Urania, 1981.

KREFTING, Miki. *Einführung in den Crowley-Tarot*. Neuhausen: Urania, 1992.

MIERS, Horst E. *Lexikon des Geheimwissens*. Munique: Goldmann, 1987.

TEGTMEIER, Ralph. *Aleister Crowley. Die Tausend Masken des Meisters*. Munique: Knaur, 1989.

ZIEGLER, GERD. TAROT — SPIEGEL DER SEELE. NEUHAUSEN: URANIA, 1988.

MADRAS® Editora
CADASTRO/MALA DIRETA

Envie este cadastro preenchido e passará a receber informações dos nossos lançamentos, nas áreas que determinar.

Nome _____
RG _____ CPF _____
Endereço Residencial _____
Bairro _____ Cidade _____ Estado ____
CEP _____ Fone _____
E-mail _____
Sexo ❏ Fem. ❏ Masc.   Nascimento _____
Profissão _____ Escolaridade (Nível/Curso) _____

Você compra livros:
❏ livrarias   ❏ feiras   ❏ telefone   ❏ Sedex livro (reembolso postal mais rápido)
❏ outros: _____

Quais os tipos de literatura que você lê:
❏ Jurídicos   ❏ Pedagogia   ❏ Business   ❏ Romances/espíritas
❏ Esoterismo ❏ Psicologia ❏ Saúde   ❏ Espíritas/doutrinas
❏ Bruxaria   ❏ Autoajuda   ❏ Maçonaria ❏ Outros:

Qual a sua opinião a respeito desta obra? _____
_____

Indique amigos que gostariam de receber MALA DIRETA:
Nome _____
Endereço Residencial _____
Bairro _____ Cidade _____ CEP _____

Nome do livro adquirido: ***Tarô de Crowley — Palavras-Chave***

Para receber catálogos, lista de preços e outras informações, escreva para:

MADRAS EDITORA LTDA.
Rua Paulo Gonçalves, 88 – Santana – 02403-020 – São Paulo/SP
Caixa Postal 12183 – CEP 02013-970 – SP
Tel.: (11) 2281-5555 – Fax.:(11) 2959-3090
www.madras.com.br

MADRAS® Editora

Para mais informações sobre a Madras Editora, sua história no mercado editorial e seu catálogo de títulos publicados:

Entre e cadastre-se no site:

www.madras.com.br

Para mensagens, parcerias, sugestões e dúvidas, mande-nos um e-mail:

marketing@madras.com.br

SAIBA MAIS

Saiba mais sobre nossos lançamentos, autores e eventos seguindo-nos no facebook e twitter:

@madrased

/madraseditora